burda

Fisch

Über 200 Rezepte für Fische und Schalentiere

Pawlak

Lizenzausgabe 1989 für
Manfred Pawlak Verlagsgesellschaft mbH, Herrsching
© 1973 Verlag Aenne Burda, 7600 Offenburg
Alle Rechte vorbehalten
Rezepte: burda-Kochstudio
Chefkoch: Ernst Birsner
Redaktion: Edith Hundhausen
Fotos: burda-Fotostudio, Gerd Feierabend
Umschlaggestaltung: Bine Cordes, Weyarn
Umschlagfoto: Studio Teubner, Füssen
Printed in Italy
by Arti Grafiche VINCENZO BONA s.p.a.
ISBN: 3-88199-487-4

Vorwort

Ein Kochbuch über die Zubereitung der verschiedenen Fischarten und Schalentiere. Einfache Rezepte für jeden Tag, raffinierte und pikante Suppen und Vorspeisen sowie auserlesene Fischgerichte für besondere festliche Anlässe. Von der berühmten Bouillabaisse (franz. Fischsuppe) über Kabeljau in Dillsoße bis zur delikaten Languste können Sie alles nachkochen, 200 Rezepte für gekochten, gedünsteten, gegrillten, überbackenen, fritierten, geräucherten und marinierten Fisch. Dazu viele Soßen und Marinaden. Fische, als wichtigstes Nahrungsmittel von der modernen Ernährungswissenschaft in den Vordergrund gestellt, gibt es in solch großer Vielfalt und für jeden Geldbeutel erschwinglich, daß es sich lohnt, sich intensiver mit dem großen Gebiet „Fischküche" zu befassen. Der tägliche Speisezettel wird abwechslungsreicher, und darüber hinaus regeln wir mit der Aufnahme nur einer Fischmahlzeit den Tagesbedarf des Körperhaushalts an tierischem Eiweiß.

Um das Suchen nach bestimmten Fischen zu erleichtern, finden Sie neben dem alphabetischen Verzeichnis ein nach Fischarten geordnetes Inhaltsverzeichnis.

Inhalt

Fischarten und Rezepte

Kalorien auf einen Blick

Brot und Fett	Kalorien
1 Brötchen (45 g)	126
1 Scheibe Toast (30 g)	84
1 Scheibe Mischbrot (45 g)	113
1 Scheibe Vollkornbrot (45 g)	108
1 Scheibe Knäckebrot (8-10 g)	35
1 Scheibe Pumpernickel (40 g)	97
1 Teelöffel Butter (5 g)	40
1 Teelöffel Margarine (5 g)	38
1 Eßlöffel Öl (15 g)	92
1 Eßlöffel (15 g) Mayonnaise (80 %)	122
1 Eßlöffel (15 g) Salatmayonnaise (50 %)	75

Käse und Ei

125 g Magerquark	110
125 g Speisequark	155
125 g Sahnequark	207
60 g Doppelrahmfrischkäse	215
1 Ecke Camembert 45 % (30 g)	90
30 g Edelpilzkäse (50 %)	125
1 Ecke Schmelzkäse 45 % (62,5 g)	190
1 Ecke Schmelzkäse 60 % (62,5 g)	210
1 Scheibe Chester 50 % (30 g)	135
1 Scheibe Edamer 40 % (30 g)	100
1 Scheibe Emmentaler 45 % (30 g)	125
1 Scheibe Gouda 45 % (30 g)	120
1 Ei	84
1 Eigelb	68
1 Eiweiß	16

Fleisch und Wurst

50 g Roastbeef (2 dünne Scheiben)	65
50 g Kalbsbraten (1 Scheibe)	51
50 g Schweinebraten (1 Scheibe)	79
100 g gekochtes Hähnchen	107

100 g gebratenes Hähnchen 206
1 Scheibe Corned Beef (30 g) 50
30 g gekochter Schinken (1 dünne Scheibe) 85
30 g roher Schinken (1 dünne Scheibe) 120
50 g Salami 260
50 g Cervelatwurst 230
50 g Schwartenmagen (Sülze) 125
100 g Fleischwurst 325
50 g Blutwurst 230
50 g Leberwurst 225
50 g magere Kalbsleberwurst 135
100 g Fleisch- oder Leberkäse 270
50 g Mortadella 180
50 g Schinkenwurst 190
50 g Mettwurst 270

Fisch und Meeresfrüchte

1 Matjesfilet 166
1 Bismarckhering (100 g) 200
1 Rollmops 66
100 g Heringe in Tomatensoße 260
100 g Bückling 146
2 Sardellenfilets (Anchovis) 7
1 Dose Ölsardinen (125 g) 296
100 g gekochter Fisch 90
50 g Kieler Sprotten 130
30 g echter Räucherlachs 54
1 Dose Thunfisch in Öl (220 g) 668
50 g geräucherter Aal 120
50 g Krabben oder Shrimp 42
50 g Muscheln 35
30 g Kaviar 32
30 g Dorsch 32
30 g echter Kaviar 90

Reis, Nudeln und Kartoffeln

1 Tasse gekochter Reis (30 g, roh) 110
1 Tasse gekochte Nudeln (30 g, roh) 111
1 Tasse gekochte Kartoffelscheiben (125 g, roh) . 105

Das sollten Sie wissen, wenn Sie Fisch auf den Tisch bringen

Kalorien und Nährwert

„Fische, Muscheln und Krebstiere sind hervorragende Vitaminquellen; sie enthalten alle Vitamine mit einziger Ausnahme des Vitamin C, das praktisch nur in Pflanzen vorkommt. Auch weisen alle eßbaren Meerestiere einen hohen Gehalt an Eisen, Kupfer und Spurenelementen auf", sagt Professor Dr. Kühnau vom Institut für biologische Chemie der Universität Hamburg.

Der hohe Eiweiß- und der niedrige Fettgehalt der Fische macht sie zum wichtigen Diät-Nahrungsmittel. Ob es darum geht, eine leicht verdauliche Kost herzustellen, schlank zu bleiben oder schlank zu werden.

Nachstehende Tabelle zeigt die interessantesten Werte:

100 g eßbarer Anteil enthalten:

Fische:	Eiweiß g	Fett g
Scholle, Filet	17,1	0,8
Kabeljau, Filet	17,0	0,3
Hering, Filet	17,3	18,8
Seelachs, Filet	18,3	0,8
Makrele, Filet	18,8	11,6
Rotbarsch, Filet	18,9	3,0
Thunfisch in Öl	23,8	20,9
Ölsardine	24,1	13,9

Frischen Fisch

erkennt man daran, daß die Augen fest und klar sind, die Kiemen von einem frischen Rot und anliegend, die Haut gespannt und glänzend.

Fisch sollte am Tag des Einkaufs zubereitet werden. Lassen Sie ihn nicht im Einwickelpapier, sondern legen Sie ihn in eine Schüssel, die bis zur Verwendung zugedeckt und kühl gestellt wird.

Einwickelpapier, das am Fisch klebt, löst sich leichter unter fließendem Wasser. Die Aufbewahrung bis zum nächsten Tag geschieht am besten im Frosterfach oder in einer Schüssel zwischen Eisstücken.

Tiefkühlfisch

macht unabhängig von der jeweiligen Fangperiode. Fast alle
Fischsorten sind aus der Tiefkühltruhe erhältlich.
Auch hier gilt – sofern Sie den Fisch gleich verbrauchen wol-
len – dieselbe Regel wie beim frischen Fisch: Sofort aus der
Verpackung nehmen und antauen lassen; vorbereitete und
panierte Fischgerichte aus der Packung nehmen und ohne
Antauen gleich zubereiten.
Aufbewahren läßt sich Tiefkühlfisch bei Zimmertemperatur
(+ 18 bis + 22 Grad C) 3–4 Stunden, im Kühlfach (+ 2 bis
+ 5 Grad C) 6–8 Stunden, im Verdampferfach des Kühl-
schranks (– 4 bis – 6 Grad) 24 Stunden.

Drei S

Sie sind die Voraussetzung für die Vorbehandlung und das
gute Gelingen jedes Fischgerichts.

Säubern = bei ganzem Fisch Flossen abschneiden, schuppen und die schwarze Bauchhaut entfernen.
Den Fisch unter fließendem Wasser abspülen
(nie im Wasser liegen lassen, das laugt aus).

Säuern = den Fisch von allen Seiten reichlich mit Zitronensaft beträufeln (das bindet den Fischgeruch,
hält den Fisch weiß und macht ihn fester.)

Salzen = den Fisch leicht mit Salz einreiben, natürlich
erst kurz bevor er in den Topf oder in die
Pfanne kommt.

Würzen und Fertigsoßen

In das Wasser für Kochfischsud gehört als Würze Salz,
Essig, Lorbeerblatt, Pfefferkörner, Senfkörner, Pimentkörner, Zwiebel, Karotte und Lauch oder Petersilienstengel.
Es gibt fertige Fischwürzen in Beutel und Dosen, die sehr zu
empfehlen sind.
Garen auf vorgedünstetem Gemüse gibt dem Fisch ein wür-
ziges Aroma. Dazu eignen sich feingeschnittene Wurzeln,
Suppengrün, frische Kräuter, wie Dill, Kerbel, Petersilie und
in geringen Mengen Estragon.

Ebenso kann der Fisch durch Garen portionierter Stücke in dicklich gehaltenen Soßen delikate Geschmacksnuancen erhalten, z. B. in Senfsoße, Dillsoße, Currysoße, diese Soßen kann man teils auch als Fertigsoßen kaufen.

Als zusätzliche Würze für den fertigen Bratfisch sind besonders geeignet: Soja- und Worcestersoße.

Wie wird Fischgeruch beseitigt?

Tiefkühlfisch ist nahezu geruchlos, beim Kochen oder Dünsten von frischem Fisch kann man durch Auflegen eines feuchten Tuches zwischen Topf und Deckel den Fischgeruch mildern.

Fischgeruch bei panierten Fischen kann man binden durch Beimischen von geriebenem Käse zur Panade.

Holzbrettchen sollte man vorher mit Essig abwaschen oder Folie auflegen, ehe sie für die Fischvorbereitung verwendet werden.

Wurde der Fisch durch den Fleischwolf gedreht, so beseitigt man den Fischgeruch, indem man zum Schluß eine Zitronenschale durchdreht.

Das Geschirr zuerst mit kaltem Wasser gut abspülen, erst dann ins heiße Abwaschwasser geben.

Fischgeruch von den Händen entfernt man mittels Zitrone oder besser durch Waschen mit Kaffeegrund.

Was trinkt man zum Fisch?

Nach der goldenen Regel: „Zum weißen Fleisch weißer Wein", für den Fisch Weißwein, leicht und spritzig. Wenn man hingegen den Fisch in Rotweinsoße oder dunklen Soßen gart, dann sollte man auch den für die Soße verwendeten Rotwein als Tischwein wählen.

Fischreste

lassen sich – sorgfältig von Gräten befreit – zu feinen Salaten, Fischklößchen und -klopsen verarbeiten.

Fisch muß heiß auf den Tisch

Es gibt hierfür ideale Fisch-Rechauds und feuerfestes Geschirr. Alle Schüsseln und Teller gut vorwärmen.

Der gedeckte Tisch

für ein Fischessen ist kein besonderes Problem. An Stelle von Messer und Gabel legen wir ein Fischbesteck auf (Gabel links, Messer rechts) oder, falls das in unserem Bestecken noch fehlt, zwei Gabeln (Eßgabel rechts, kleine Gabel links). Ein Teller mit Zitronenspalten zum Nachwürzen sollte nicht fehlen, ebensowenig ein kleiner Teller zum Grätenablegen.

Crab-Meat-Cocktail

4 Portionen à 115 Kalorien

1 Dose Crab-Meat
1/4 Dose Champignons
1/16 l süße Sahne
3 Eßlöffel Tomatenketchup
Saft 1/4 Zitrone
1 Eßlöffel geriebener
Meerrettich
1 Löffelspitze
Cayennepfeffer
1 Teelöffel Worcestersoße
Salatblätter
Zitronenspalten, Petersilie

Crab-Meat von Häuten und harten Teilen befreien. Champignons fein hacken. Sahne steif schlagen, Champignons, Ketchup, Zitronensaft, Meerrettich, Cayennepfeffer und Worcestersoße untermischen. Gläser mit Salatblättern auslegen. Je 1 Eßlöffel Soße daraufgeben, mit den weniger schönen Stücken Crab-Meat belegen und mit Soße bedecken. Darauf die schönen Crab-Meat-Stücke setzen und mit etwas Cayennepfeffer bestäuben. Mit Zitronenspalten und Petersilie garnieren. Toast oder Stangenbrot und Butter dazu.

Thunfischsalat

4 Portionen à 310 Kalorien

1 Dose Thunfisch in Öl
1 kleine Sellerieknolle
1 rote Paprikaschote
in Essig, 1 Zwiebel
1 Eßlöffel Kapern
2 Eßlöffel Mayonnaise
scharfer Paprika
Salz, Essig

Den Thunfisch grob zerdrücken. Die Sellerieknolle schälen, klein würfeln, in leichtem Salzwasser 5 Minuten kochen, abgießen, kalt werden lassen, mit Paprika- und Zwiebelwürfeln und Kapern unter den Thunfisch mischen, mit Mayonnaise anmachen und den Salat pikant würzen.

Matjessalat

4 Portionen à 235 Kalorien

8 Matjesfilets
1/2 Dose feine,
grüne Bohnen
2 Zwiebeln
1 rote Paprikaschote
Essig, Öl, Pfeffer

Die Matjesfilets in 1 cm breite Streifen schneiden, mit Bohnen-, Paprikawürfeln und hauchdünnen Zwiebelringen vermischen, pikant mit Essig, Öl und Pfeffer anmachen; nicht salzen.

16

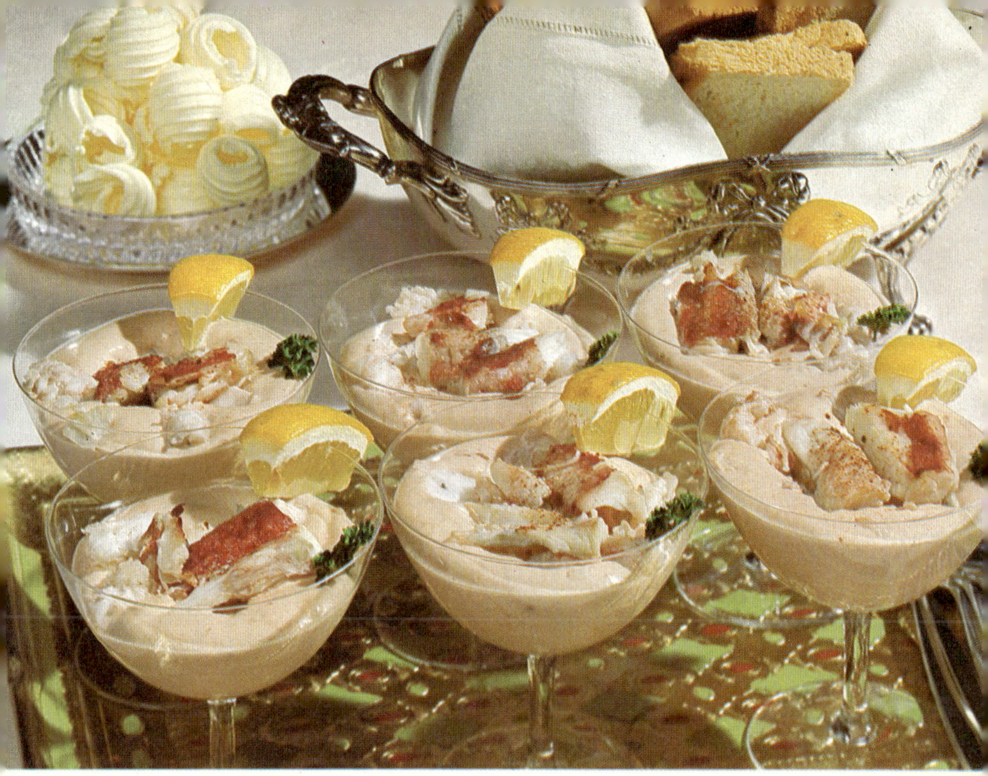

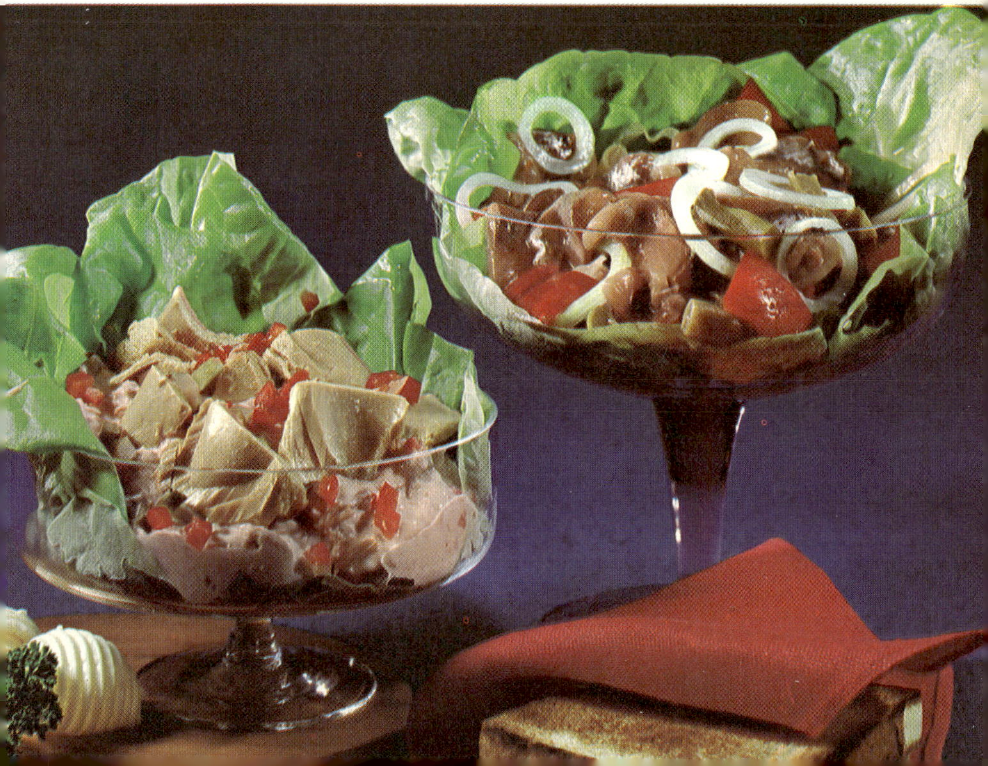

Thunfischsülze

4 Portionen à 203 Kalorien

1 Dose Thunfisch in Öl
abtropfen lassen
in Stücke schneiden
1 Tasse Weißwein
1 Tasse Wasser
1 Teelöffel Gekörnte Brühe
2 bis 3 Eßlöffel Essig
einige Zwiebelringe
einige Pfefferkörner
5 Blatt helle Gelatine
(5 Minuten in kaltem
Wasser eingeweicht)
zur Garnitur:
grüner Paprika
Essiggurken
Ei, hartgekocht

Weißwein mit Wasser, Gekörnter Brühe, Essig, Zwiebelringen und Pfefferkörnern 5 Minuten leicht kochen lassen. Die Gelatine ausdrücken und in die heiße Brühe geben. Den Sülzsud abkühlen lassen und durch ein Sieb gießen. Kleine Förmchen mit der Flüssigkeit 1 cm hoch ausgießen. Die Sülze fest werden lassen und die Thunfischstücke auf das Gelee setzen, mit dem restlichen Sud vollgießen und im Kühlschrank fest werden lassen. Die Thunfischsülzchen stürzen und mit Paprikastreifen, Gurkenfächern und Eiecken garnieren.
Dazu reicht man eine Remoulade (Seite 47), unter welche man das Öl aus der Fischdose gerührt hat, und Toastbrot.

Krabbensülze
mit verlorenen Eiern

4 Portionen à 160 Kalorien

3/4 l Wasser
4 Eßlöffel Essig
1 Zwiebel
(in Scheiben schneiden)
1 Teelöffel Suppenkräuter
1/2 Teelöffel Dill
(beides getrocknet)
4 Eier
6 Blatt helle Gelatine
(in kaltem Wasser
5 Minuten eingeweicht)
2 Teelöffel Instant-
Fleischbrühe
1/4 Dose Krabben

In dem Wasser Essig, Zwiebeln, Suppenkräuter und Dill 10 Minuten kochen, durchseihen, die Eier nach und nach einzeln in die heiße, aber nicht kochende Brühe einschlagen, 4 Minuten ziehen lassen, danach herausnehmen und in Salzwasser legen. 3/8 l von der Brühe abmessen, die Gelatine und Instant-Fleischbrühe darin auflösen und kalt stellen. In kleine Förmchen das Krabbenfleisch verteilen, mit Gelee bedecken, stocken lassen, mit Eiern belegen und mit Gelee auffüllen. Die gestockten Sülzen stürzen und mit Mayonnaise, mit Dill gewürzt, dekorativ garnieren.

Matjesfilets süß-sauer

Die Matjesfilets in Wasser legen. Zwiebeln und gewaschene Möhren schälen, in feine Streifen schneiden und mit Weißwein, Lorbeerblatt, Pfefferkörnern und Zucker 5 Minuten kochen. Die Matjesfilets in eine Schüssel legen und das „Würzgemüse" (abgekühlt!) darübergeben. Einige Stunden durchziehen lassen. Dann Orangen wie Äpfel schälen, in Scheiben schneiden und entkernen. Das Matjesgericht mit den Orangenscheiben belegen und mit kräftigem Mischbrot und Butter auf den zünftig gedeckten Tisch stellen. Gegen Durst, der bestimmt kommt: frische Milch oder kühles Bier (Foto S. 20).

4 Portionen à 430 Kalorien

8 Matjesfilets
2 Zwiebeln, 2 Möhren
1/4 l Weißwein
1/2 Lorbeerblatt
1/2 Teelöffel Pfefferkörner
2 Teelöffel Zucker
2 Orangen

Roter Heringssalat

Die Heringe enthäuten, entgräten, gut waschen und quer in feine Streifen schneiden. Die Zwiebel schälen und fein hacken, die kalten Kartoffeln schälen und in Würfel schneiden. Rote Bete, Gewürzgurken und das Fruchtfleisch des Apfels auch würfeln. Diese vorbereiteten Zutaten in der Salatschüssel mischen, mit Pfeffer und in den Händen fein zerriebenem Dill würzen und zugedeckt etwa 30 Minuten durchziehen lassen. Dann die Mayonnaise darunterziehen und den Salat „solo" oder mit Brot und Butter servieren. – Wer Kalorien sparen möchte, nimmt nur 2 Eßlöffel Mayonnaise und mischt 2 Eßlöffel Joghurt oder Sauermilch darunter (Foto S. 20).

4 Portionen à 280 Kalorien

3 Salzheringe
1 Zwiebel
250 g gekochte
Pellkartoffeln
1 Tasse frisch gekochte
oder eingelegte Rote Bete
3 Gewürzgurken
1 Apfel, Pfeffer
1 Teelöffel
getrockneter Dill
4 Eßlöffel Mayonnaise

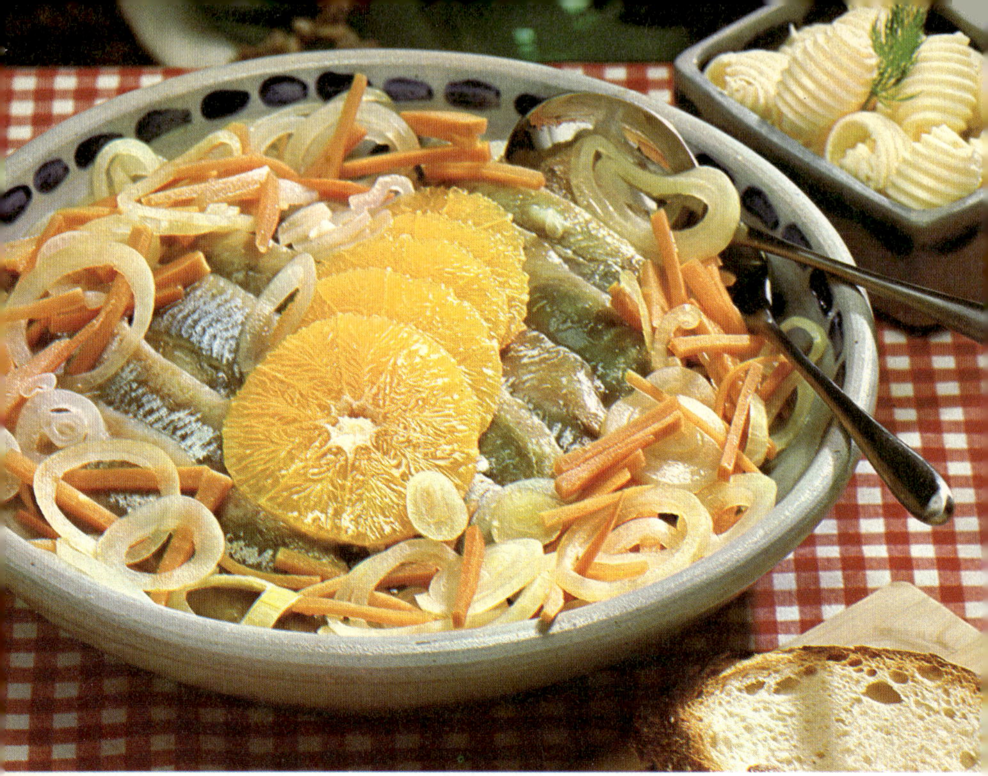

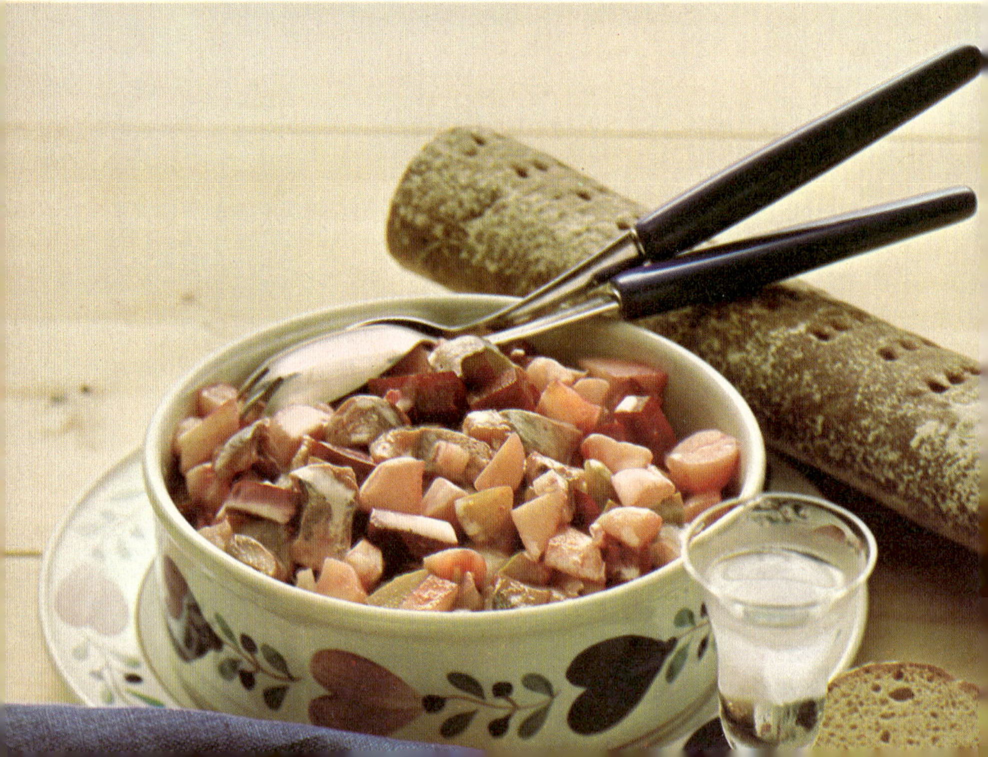

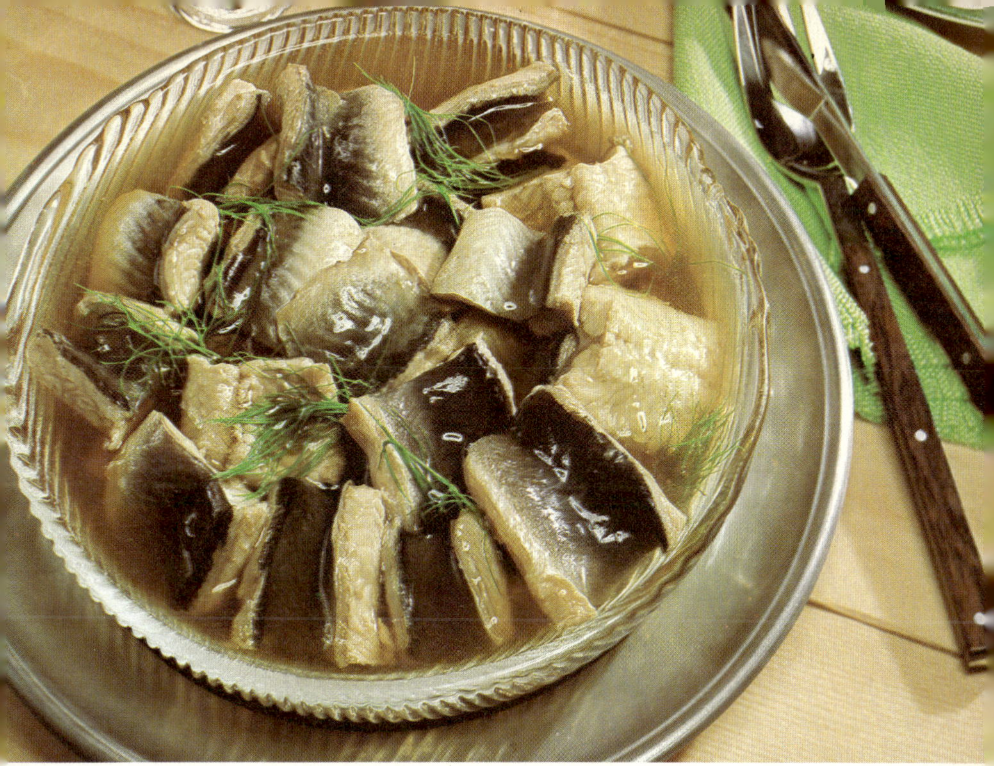

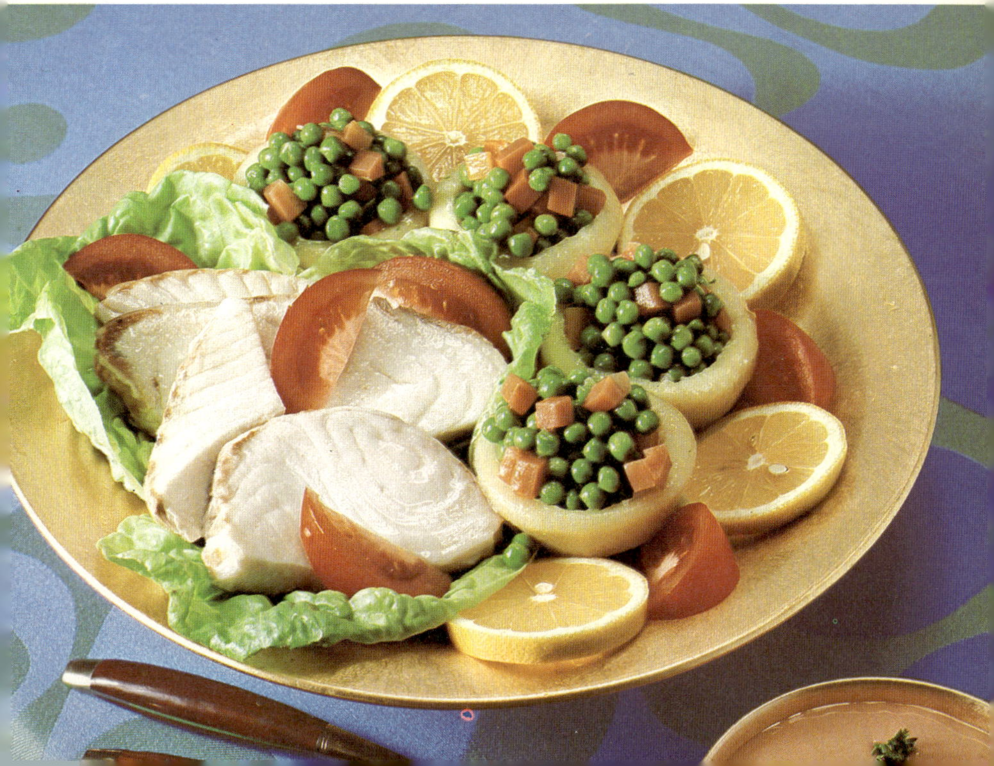

Aal in Gelee

4 Portionen à 600 Kalorien

1000 g Aal
(vom Fischhändler bereits
getötet, abgezogen und
ausgenommen)
1/4 l herber Weißwein
1/4 l kräftige, klare
Fleischbrühe
1 Zwiebel
1 Lorbeerblatt
2 Nelken
5 weiße Pfefferkörner
1/2 Teelöffel Salbei
1/2 Teelöffel Dill
1 Löffelspitze Thymian
6 Eßlöffel Weinessig
8 Blatt helle Gelatine

Garnitur:
Krebsschwänze
Spargelspitzen
hartgekochtes Ei
Trüffelscheiben

Aal waschen, der Rückenlinie entlang in 2 lange Filets schneiden, entgräten. Filets in 4–5 cm lange Stücke teilen. Wein und Fleischbrühe in 1¹/₂-l-Topf zum Kochen bringen. Inzwischen Zwiebel schälen, in Scheiben schneiden und zusammen mit Gräten, Gewürzen und Essig in die Brühe geben. 5 Minuten bei geringer Hitze kochen, danach durchseihen. Aalstücke in der siedend heißen Brühe etwa 10 Minuten ziehen, nicht kochen lassen. Abkühlen, mit Sieblöffel vorsichtig herausnehmen, abtropfen lassen und auf einer Platte anrichten. Mit Krebsschwänzen, Spargelspitzen, Ei- oder Trüffelscheiben garnieren. Die erkaltete Fischbrühe nochmals durchseihen, entfetten und erhitzen. Gelatine in kaltem Wasser einweichen, ausdrücken und in der heißen Brühe auflösen. Sollte sie etwas trüb sein, so kocht man auf und fügt ein zu Schnee geschlagenes Eiweiß bei, läßt wiederum aufkochen, nimmt vom Feuer und passiert nach dem Erkalten durch ein feines Tuch. Das heiße Gelee mit Salz abschmecken, abkühlen lassen und vor dem Stocken den Aal vorsichtig damit übergießen, kühl stellen und fest werden lassen. Hierzu Toast oder Stangenbrot und Butter servieren (Foto S. 21).

Heilbuttschnitten mit gefüllten Äpfeln

4 Portionen à 370 Kalorien

4 Heilbuttschnitten
1 Zwiebel
etwas Aromat oder Fondor
Salz, Pfeffer
1 Zitrone, 4 Äpfel
1 Paket tiefgekühlte
Erbsen und Karotten
1 Eßlöffel Mayonnaise
Salatblätter, 1 Tomate

1/2 Tasse Wasser mit zerschnittener Zwiebel, Aromat oder Fondor, Salz, Pfeffer und 1 Teelöffel Zitronensaft aufkochen. Heilbuttschnitten 12 Minuten dünsten und kalt werden lassen. Äpfel schälen, halbieren, entkernen, in Zitronenwasser 4 Minuten dünsten. Das Gemüse kurz kochen, erkalten lassen, mit Salz, Pfeffer und Mayonnaise mischen, in die kalten Äpfel füllen. Wie auf dem Foto gezeigt anrichten. Mit andalusischer Soße (Seite 46) und Stangenbrot servieren. (Foto S. 21)

Lachs-Rührei auf Toast

Toast rösten. Fett zerlassen, Eier mit Sahne und Pfeffer verquirlen, in Pfanne gießen und lockeres Rührei bereiten. Auf die Toastscheiben verteilen und mit Räucherlachs garnieren. Mit Oliven belegen und auf Tellern anrichten. Dazu einen leichten Rheinwein trinken und viel grünen Salat essen.

Tip: Sie können den Lachs auch weglassen und dafür geräucherte Aalfilets, entgrätete Ölsardinen oder Bücklingsfilets (frisch oder aus der Dose) auf das Rührei geben. Versuchen Sie aber auch einmal Krabben oder Shrimp auf dem Rührei-Toast.

4 Portionen à 410 Kalorien

4 Toastscheiben
1 Eßlöffel Butter
oder Margarine, 6 Eier
1 Eßlöffel Dosenmilch
oder frische Sahne
1 Prise Pfeffer
1 Dose Räucherlachs in
Scheiben (Lachsersatz)
Oliven

Gebackene Kräuterölsardinen

Ölsardinen abtropfen lassen, mit Zitronensaft, Worcestersoße, gehackter Petersilie, Thymian, Knoblauchpulver und Paprika 5 Minuten marinieren. Sardinen in Mehl, verquirltem Ei und Semmelbröseln, mit Käse vermischt, wenden, gut andrücken, im Backfett 1 Minute ausbacken. Mit Zitronenspalten anrichten. Zu den Ölsardinen kann ein gemischter Salat oder Toast und Butter gereicht werden.

4 Portionen à 230 Kalorien

2 Dosen Ölsardinen
Saft von 1/4 Zitrone
Worcestersoße
Petersilie
je 1 Löffelspitze Thymian,
Knoblauchpulver, scharfen
Paprika, Mehl, 1 Ei
1 Eßlöffel geriebenen Käse
3–4 Eßlöffel Semmelbrösel
Backfett, Zitronenspalten

Geräucherte Renken

4 Portionen à 275 Kalorien

4 Renken
Salz, Pfeffer
etwas Zitronensaft
gehackte Petersilie
2 Lorbeerblätter
6 Wacholderbeeren
etwas Rosmarin

Tip:
Geräucherte Renken, auch
Rheinanken genannt, sind
eine österreichische Spe-
zialität und werden gerne
als Vorspeise gereicht.
Statt der Renken kann
man auch geräucherte
Forellen verwenden.

Die vom Fischhändler vorbereiteten Renken gründlich waschen, mit Küchenpapier abreiben, salzen, pfeffern. Innen mit Zitronensaft beträufeln und mit Petersilie füllen. Auf einem Gitter etwa 1 Stunde trocknen. Auf den Boden eines Räucherofens (gibt's für etwa 50 Mark!) ganz feines Sägemehl aus Buchenholz streuen, darauf zerdrückte Lorbeerblätter, Wacholderbeeren und Rosmarin. Die Fische auf das Ofengitter legen, den Spiritusbrenner entzünden und den Räucherofen schließen. Nach 8 Minuten erlischt die Flamme, die Renken sind fertig. Nun am Rücken entlang einschneiden und auseinanderklappen. Die Filets herauslösen und warm zu Toast und Meerrettichsahne anrichten. Dafür 1/8 l geschlagene Sahne mit 1 Becher Joghurt, 1 gehäuften Eßlöffel geriebenem Meerrettich, 1 Löffelspitze Zucker, etwas Salz und Saft von 1/4 Zitrone verrühren.

Festlicher kalter Salm

12 Portionen à 530 Kalorien

1 Salm ca. 2000–3000 g
1 Zitrone, Salz
2–3 l Salzwasser
5–6 Pfefferkörner
2 Lorbeerblätter
2 Salatgurken
1000 g Stangenspargel
1 Dose Erbsen und Mais
4–5 rote Paprikaschoten
2 Eier, Salz
Zitronensaft
1 Messerspitze Paprika
1/4 l Öl
3–4 hartgekochte Eier
Salz, Zitronensaft
1 Bund Petersilie
1/2 Zitrone
1 Tomate

Kopf und Schwanz abschneiden, Salm der Länge nach aufschneiden, Gräten entfernen, mit Salz und Zitrone einreiben. Von Kopf, Schwanz, Gräten, Gewürzen Fischfond bereiten. Die Filets in Stücke teilen, nicht ganz durchschneiden. In Fischfond legen, ca. 15 Min. ziehen lassen. Fisch herausnehmen, wenn kalt, Haut abziehen. Salatgurken streifenweise schälen, in 5 cm breite Stücke schneiden, aushöhlen. Spargel schälen, in Salzwasser garen. Spargelköpfe für die Garnitur zurückbehalten, Enden für Gemüsesalat in kleine Stücke schneiden. Erbsen und Mais abtropfen lassen. Paprikaschoten ausstechen, restlichen Paprika in Streifen schneiden. Aus Eiern, Gewürzen, Öl, Mayonnaise rühren, mit den Gemüsen mischen, in die Gurken füllen. Salm mit Ei, Spargel und Paprika belegen. Salmkopf und Schwanz zur Garnitur der Platte verwenden.

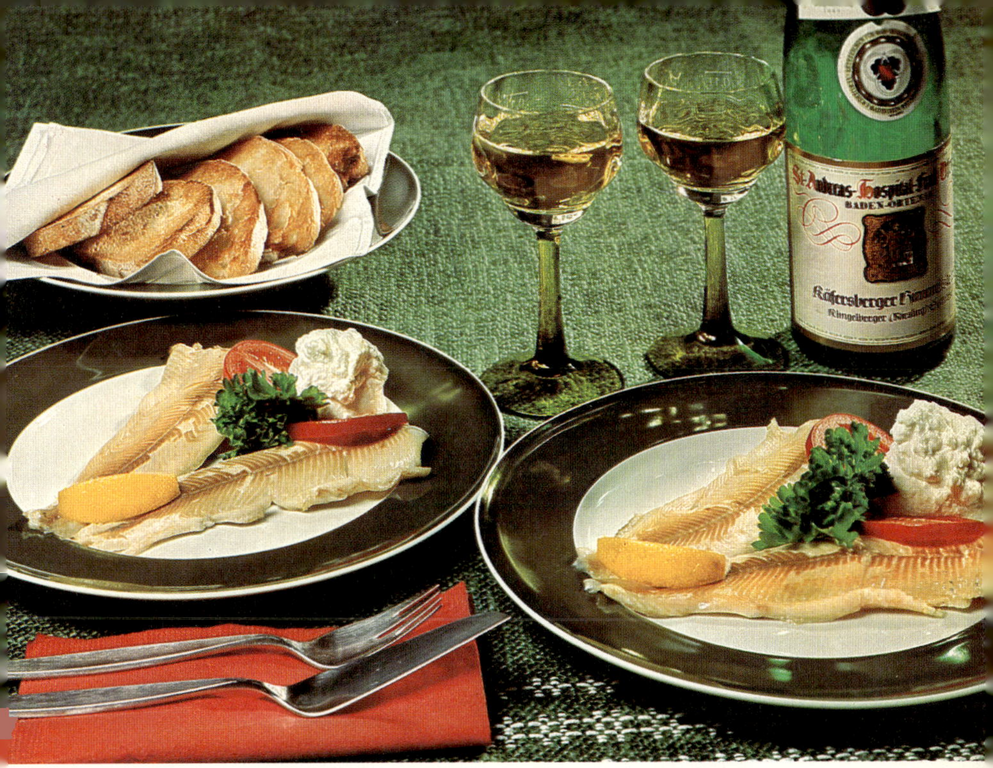

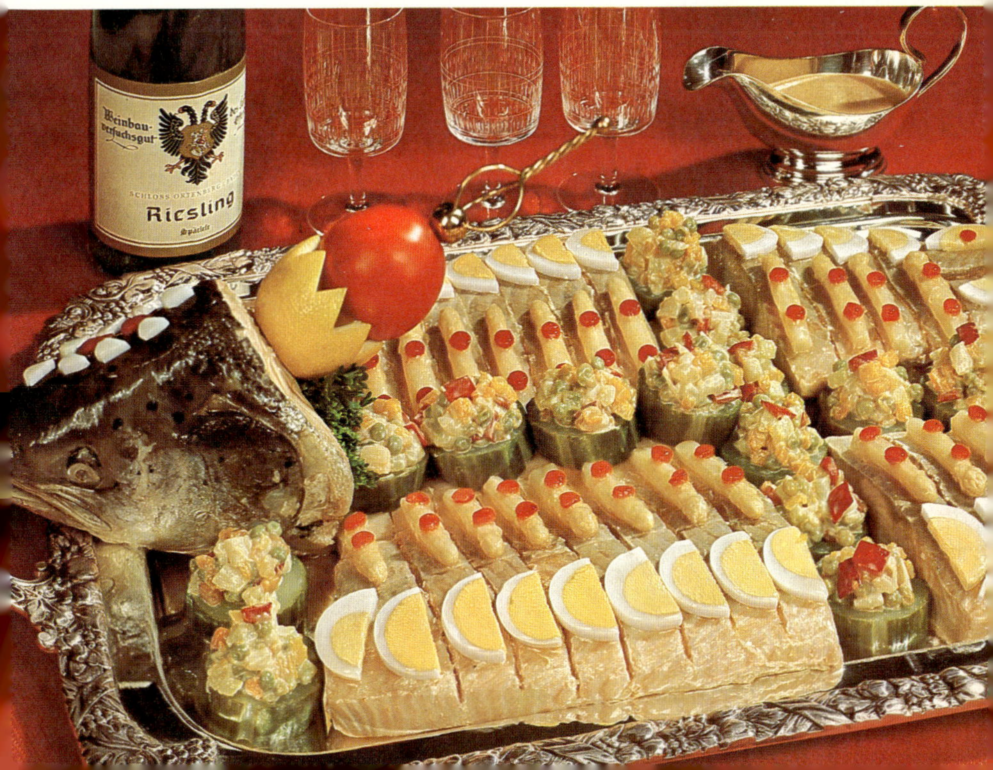
Weinbau-
versuchsgut
Riesling

Göteborg-Salat

4 Portionen à 164 Kalorien

1 Dose Muscheln in Brühe
1/4 Dose Nordseekrabben
1/4 Dose Leipziger Allerlei
Öl, Essig
1 gehackte Zwiebel
Salz, Pfeffer
1 Eßlöffel gehackte
Petersilie
1 Ei, hartgekocht

Die Muscheln, die Krabben und das Leipziger Allerlei abtropfen lassen und vermischen. Mit Öl, Essig,
Zwiebeln, Salz, Pfeffer anmachen und zuletzt Petersilie und kleingewürfelte Eier untermischen.

Schwedenplatte

Alles in Muschelschalen anrichten und in zerkleinerte Eiswürfel
setzen. Toast oder Graubrot und Butter dazureichen.

Ölsardinen auf Kopfsalatblätter legen. Mit Zitronensaft beträufeln,
mit Zwiebelpulver und weißem Pfeffer würzen. Mit gefüllten
Oliven und Butterröllchen garnieren.

Spanische Muscheln aus der Dose anrichten. Mit Zwiebel- und
Knoblauchpulver würzen und mit etwas Sherry beträufeln.

Matjesfilets in Streifen schneiden. Mit grünen Bohnen, roten
Paprikastreifen und roten Zwiebelringen vermischen. Mit Weinessig und schwarzem Pfeffer anmachen.

1 Dose Thunfisch abtropfen lassen. Muschelschale mit Kopfsalat-
blättern belegen, darauf Thunfisch. Mit Zitronensaft und Worcestersoße beträufeln und mit Kapern bestreuen. Mit schwarzem
Pfeffer übermahlen.

Räucherlachsscheiben mit geriebenem Meerrettich und Dill bestreuen und zusammenrollen. Auf Zitronenscheiben anrichten und
mit Zwiebelringen garnieren. Dazu eine Mayonnaise mit geschnittenem Dill reichen.

Bücklingstoast „Hawaii"

Die Bücklinge vorsichtig enthäuten, auseinanderklappen und entgräten. Eingeweide und Kopf dabei entfernen. Die Paprikaschote vierteln, entkernen, waschen und in 1/3 cm große Würfel schneiden. Das Bauernbrot mit Butter oder Margarine bestreichen und mit Käsescheiben belegen. Die Bücklingsfilets darauflegen und darüber die Ananasscheiben. Unter dem Grill oder im heißen Backofen 4 bis 5 Minuten erhitzen. Dann anrichten, mit Paprikawürfeln bestreuen und mit Perlzwiebeln oder Mixed Pickles garnieren. Eventuell noch ein paar Tomatenschnitze dazulegen.
(Foto S. 28)

4 Portionen à 680 Kalorien

4 Bücklinge
1 grüne Paprikaschote
4 Scheiben Bauernbrot
Butter oder Margarine
1 Paket Käse
in Scheiben (250 g)
4 Scheiben Ananas

Matjesfilets „Hausfrauen-Art"

Matjesfilets in die Milch legen, darin etwa 1 Stunde liegen lassen und dann herausheben. Sahne mit Mayonnaise und Joghurt verrühren, mit geriebenem Piment würzen. Zwiebeln in Ringe schneiden. Äpfel schälen, entkernen, in feine Scheiben schneiden. Beides in die Soße geben und mindestens einen Tag durchziehen lassen. Dazu Weißbrot, Butter und grünen Salat servieren. Gut schmecken dazu auch Salzkartoffeln und Salat.
(Foto S. 28)

4 Portionen à 450 Kalorien

8 Matjesfilets
1/4 l Milch
1/8 l Sahne
1/2 Glas Mayonnaise
1 Becher Joghurt
geriebener Piment
3 Zwiebeln, 3 Äpfel

Matjes gibt's das ganze
Jahr – ganz frische
gibt's im Mai und Juni

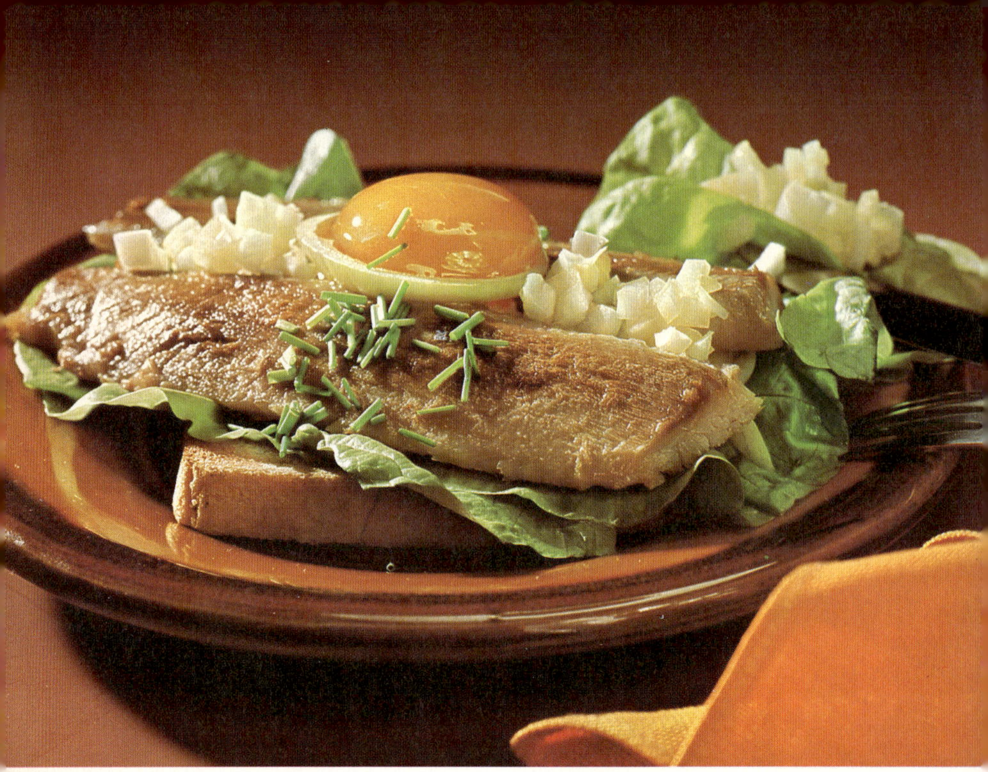

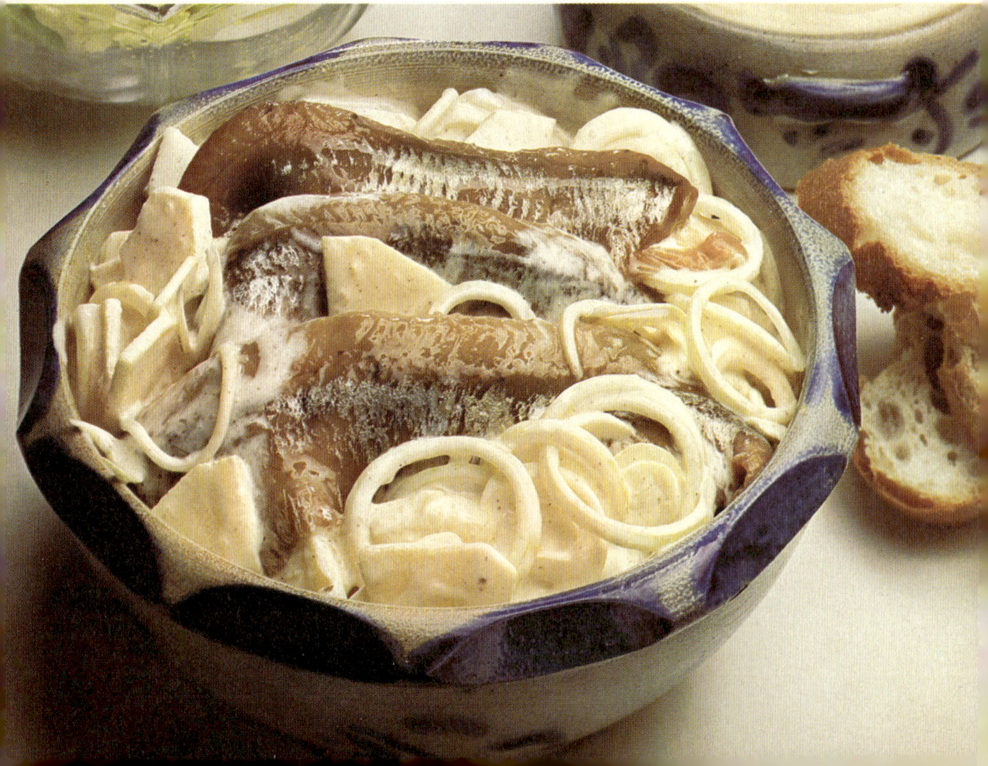

Sherry-Matjes-Röllchen

(Foto S. 29 oben links)

4 Portionen à 150 Kalorien

1/2 Tasse Essig
1/2 Tasse Wasser
1/3 Tasse Sherry
1/2 Teelöffel Zucker
1 Knoblauchzehe
2 Chilischoten
1 Zwiebel
3 Essiggurken
8 Matjesfilets
12 gefüllte Oliven

Essig, Wasser, Sherry, Zucker, zerquetschte Knoblauchzehe und Chilischoten 1 Minute kochen und kaltstellen. – Geschälte Zwiebel und Essiggurken in kleine Würfel schneiden und auf die Matjes verteilen, aufrollen und mit den Oliven in ein Glas schichten. Sud darübergießen, Glas zudecken und 1 Tag kalt stellen. Halten sich 14 Tage. – Bratkartoffeln und frischen Salat oder Bauernbrot dazu reichen.

Eingelegte Bratheringe

(Foto S. 29 oben rechts)

4 Portionen à 420 Kalorien

6 grüne Heringe
Salz, Pfeffer, Mehl
3 Eßlöffel Öl
1/4 l Weinessig
1/4 l Fleischbrühe
1 Teelöffel Zucker
2 Lorbeerblätter
10 Pimentkörner, 3 Nelken
1 Teelöffel Senfkörner
1 Zwiebel

Heringe innen und außen würzen. In Mehl wenden, in erhitztes Öl legen, braun braten. Weinessig, Fleischbrühe und Gewürze aufkochen. Heringe mit Zwiebelscheiben in ein Glas schichten und mit dem heißen Essigsud übergießen. 2 bis 3 Tage ziehen lassen und dann zu Pellkartoffeln, Butter und Salat servieren.

Russischer Heringssalat

(Foto S. 29 unten)

4 Portionen à 190 Kalorien

2 Bismarckheringe
2 Eßlöffel gekochte
Rote-Rüben-Scheiben
2 Essiggurken, 1 Ei
1 Teelöffel geriebenen
Meerrettich
gehackte Petersilie
Öl, Pfeffer, Salz

Die Bismarckheringe in grobe Würfel schneiden und mit den Rote-Rüben- und Gurkenscheiben mischen und anrichten. Gekochtes, gehacktes Ei, Meerrettich und Petersilie über den Salat streuen und mit Öl, Pfeffer und Salz anmachen. An Stelle von Bismarckheringen können ebensogut Salzheringe verwendet werden, dann würzt man aber noch zusätzlich mit etwas Kräuteressig.

Heringe in Senfsoße

Heringe enthäuten, die Filets von den Gräten lösen und über Nacht in Wasser legen und kühl stellen. Senf mit Zucker verrühren, Öl zugeben, untermischen und die Sahne, Petersilie, Gurken und Rote Rüben beifügen. Die gut abgetropften Heringsfilets in dieser Soße gut durchziehen lassen. Mit Pellkartoffeln oder Brot und Butter servieren.

4 Portionen à 795 Kalorien

4–6 Salzheringe
1/2 Tube milden Senf
2 Teelöffel Zucker
5 Eßlöffel Öl
1/4 l saure Sahne
1 Eßlöffel gehackte
Petersilie
2 Essiggurken
1/2 Tasse marinierte
Rote Rüben
(beides grob hacken)

Glasermeisters Heringe

Die Heringe putzen, ausnehmen und in kaltem Wasser über Nacht stehen lassen, danach in 2 cm breite Stücke schneiden (mit den Gräten) und mit Zwiebelscheiben, Gewürzen, Karottenscheiben in ein gut gesäubertes Glas einschichten. Essig mit Zucker aufkochen, kalt stellen und über die Heringe gießen. Einige Tage im Kühlschrank kalt stellen und danach mit Pellkartoffeln servieren.

4 Portionen à 320 Kalorien

4 Salzheringe, mittelgroß
4 rote Zwiebeln
3 Lorbeerblätter
2 Teelöffel Pimentkörner
1/2 Teelöffel Senfkörner
1 Stück getrockneter
Ingwer, 1 Stück
frischer Meerrettich
1 Karotte
1/4 l weißen Essig
150 g Zucker

Eingelegte grüne Heringe

Die Heringe 1–2 Tage in Essig legen, bis das Fleisch an der Mittelgräte nicht mehr rot ist, danach die Fische entgräten und mit Zucker, Salz, Piment und geschnittenem Dill in einen Steintopf schichten. Die Heringe kalt stellen, in 4–5 Tagen können sie verwendet werden. Man kann die eingelegten Heringe mit saurer Sahne und heißen Pellkartoffeln reichen.

4 Portionen à 475 Kalorien

Ca. 1000 g grüne Heringe
(vorbereiten)
1/2 l Essig
75 g Zucker, 40 g Salz
1 Teelöffel gemahlener
Piment, 1 Bund Dill

31

Kalter Heilbutt
mit andalusischer Soße

4 Portionen à 450 Kalorien

4 Scheiben tiefgekühlter
Heilbutt à 200 g
1/2 Zwiebel
1 Teelöffel Salz
2 Eßlöffel Essig
1/2 Lorbeerblatt

Soße:
1/2 Glas Mayonnaise
2 Eßlöffel Tomatenmark
1/2 Tasse feingewürfelter
geschälter roter Paprika
1 Prise Knoblauchpulver
Salz, Pfeffer
Salatblätter, Kapern

Den tiefgekühlten Heilbutt, wie auf der Packung beschrieben, auftauen lassen. 1/2 l Wasser mit geschnittener Zwiebel, Salz, Essig und Lorbeerblatt 5 Minuten kochen, den Heilbutt hineinlegen und 10 Minuten zugedeckt ziehen lassen, aber bitte nicht kochen. Dann in der Brühe kalt werden lassen.

Inzwischen die Mayonnaise mit Tomatenmark und Paprikawürfeln verrühren, mit Knoblauchpulver, Salz und Pfeffer pikant abschmecken. Die Salatblätter in eine Glasschüssel legen, den kalten Heilbutt ohne Gräten und Haut darauf verteilen. Mit der andalusischen Soße bedecken und mit Kapern bestreuen. Dazu Toast oder Weißbrot und grünen Salat servieren.

Forellen in Gelee

4 Portionen à 220 Kalorien

4 Forellen (am Vortag
geschlachtet
und ausgenommen)
1/2 l Wasser
1/4 l Weißwein, 1 Zwiebel
1 Teelöffel Pfefferkörner
1 Lorbeerblatt, 3 Nelken
1/8 l Weinessig
1 Teelöffel Streuwürze
Salz, 14 Blatt Gelatine

Wasser und Weißwein aufkochen. Zwiebel schälen, in Scheibchen schneiden und mit Gewürzen in die Flüssigkeit geben und 10 Minuten kochen. Essig, Streuwürze und Salz zufügen. Die Forellen vorsichtig einlegen, vom Feuer nehmen und zugedeckt 10 Minuten ziehen lassen. Gelatine in kaltem Wasser einweichen. Forellen vorsichtig herausnehmen und abkühlen lassen, Haut abziehen. Heiße Brühe durchseihen, abgetropfte Gelatine darin auflösen. Forellen auf Platte anrichten, garnieren und mit dem kalten Gelee übergießen. Stocken lassen und mit Salaten, Butter und Toast servieren.

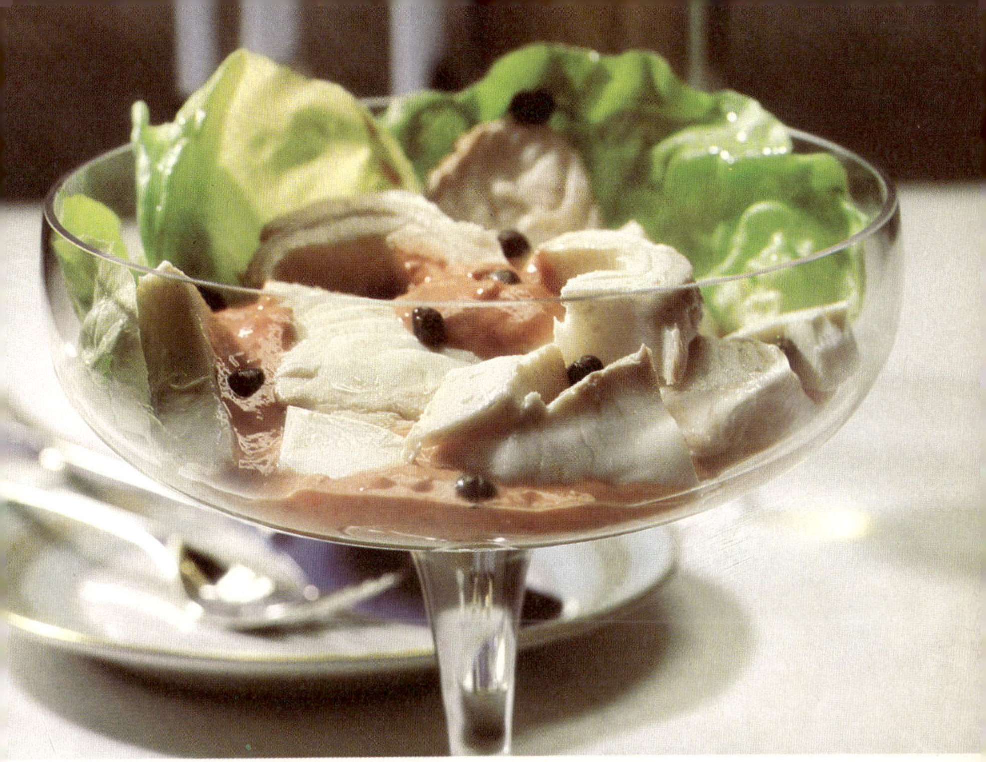

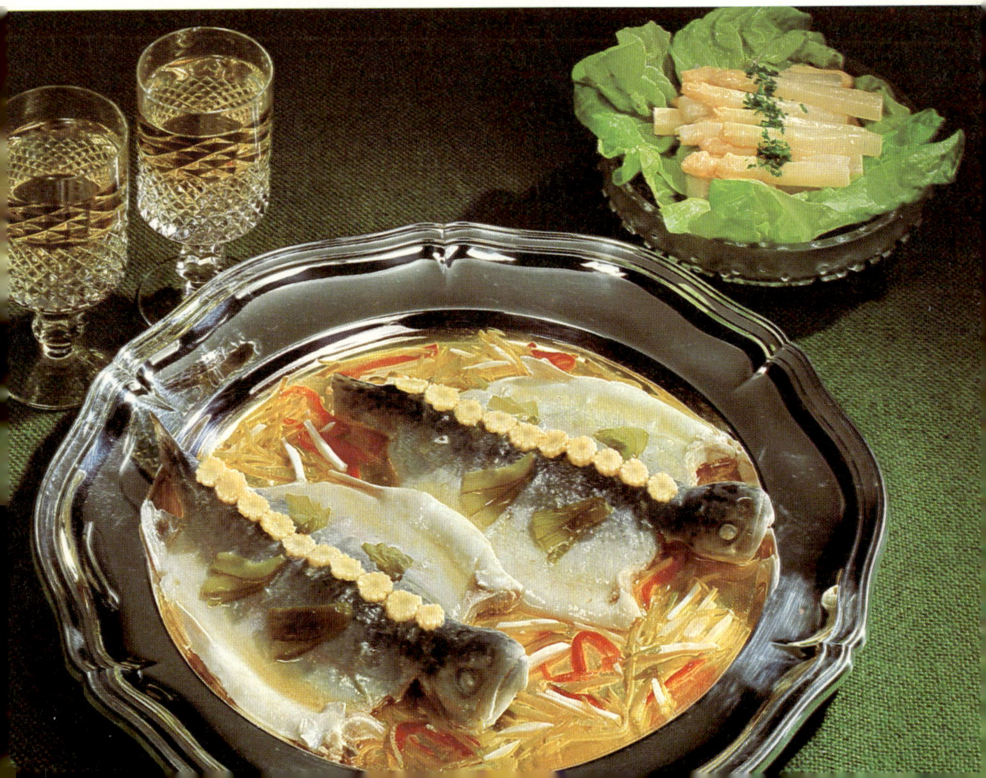

Pastetchen mit Ei-Krabben-Ragout

4 Portionen à 405 Kalorien

4 Blätterteigpastetchen
100–150 g tiefgekühlte
Krabben
2 Eier, 1 Zwiebel oder
2 kleine Schalotten
1 Eßlöffel Butter
oder Margarine
1 Päckchen weiße Soße
für 1/4 Liter
1/8 l Milch
Saft von 1/2 Zitrone
1/2 Bund feingeschnittener
frischer oder
1/2 Teelöffel getrockneter
Dill

Den Backofen auf 50 Grad anheizen, die Pastetchen hineinsetzen und darin aufbacken. Die Krabben im geschlossenen Beutel in kaltes Wasser legen und so auftauen lassen. Die Eier 10 Minuten kochen, in kaltes Wasser legen, schälen und in Stücke schneiden. Zwiebel oder Schalotten (kleine Zwiebelart!) schälen, fein hacken und in Butter oder Margarine gelb dünsten. 1/8 l Wasser, das Soßenpulver und die Milch dazugeben, umrühren und aufkochen. Krabben, Eier, Zitronensaft und Dill dazugeben und erhitzen, aber nicht mehr kochen lassen. Das Ragout abschmecken, in die Pastetchen füllen und mit Reis und Gurkensalat servieren.

Pastetchen mit Meeresfrüchten

4 Portionen à 770 Kalorien

4 Blätterteig-Pastetchen
1/4 Dose Langustenfleisch
oder Hummerfleisch
1/4 Dose Shrimp
oder Krabben
1 kleine Dose Krebs-
oder Hummerbutter
4 Schalotten oder
1 Zwiebel
1/8 l Weißwein
1/4 l süße Sahne
1/2 Eßlöffel Mehl
etwas Cayennepfeffer, Salz
Aromat oder Fondor

nach Belieben:
Trüffelstreifen

Die Pastetchen in der Röhre bei ca. 50 Grad warm stellen. Langusten- oder Hummerfleisch in dicke Stücke schneiden. Die Hälfte der Krebs- oder Hummerbutter zerlassen, gehackte Schalotten oder Zwiebeln darin hell dünsten. Mit Weißwein sowie der Brühe von Langusten und Shrimp auffüllen, Sahne zugeben und um die Hälfte einkochen lassen. Die restliche Krebsbutter mit Mehl verrühren, die Soße damit binden, kurz aufkochen, mit Cayennepfeffer, Salz, Aromat oder Fondor pikant abschmecken und das Langusten- und Shrimp-Fleisch zugeben. Die warmen Pastetchen auf Tellern oder auf einer Platte anrichten und mit dem Meeresfrüchte-Ragout füllen. Nach Belieben mit Trüffelstreifen garnieren.
Tip: Das Meeresfrüchte-Ragout kann zusätzlich mit Champignons bereitet oder außerdem in Muschelschalen gefüllt, mit Käse überbacken oder im Reisrand serviert werden.

Austern mit Chesterbrot

Austern mit dem Austernmesser oder starkem Küchenmesser öffnen und darauf achten, daß das Austernwasser nicht ausläuft. Eis in ein Tuch geben, mit dem Fleischklopfer zerstoßen und auf eine Platte geben. Die Austern darauf anrichten und mit Zitronenscheiben umlegen. Pumpernickelscheiben mit Butter bestreichen und je eine Scheibe Käse darauflegen. Die Brotscheiben aufeinanderschichten und kalt stellen. Danach das Brot in Scheiben schneiden und zu den Austern servieren.

4 Portionen à 390 Kalorien

2 Dutzend Austern
Eiswürfel
1 Zitrone
Pumpernickel, Butter
Chesterkäse in Scheiben

Spargel-Cocktail „Frühlingsabend"

Spargel schälen, in 5 cm lange Stücke schneiden. Knapp mit Wasser bedeckt, mit Salz und Prise Zucker 25 Minuten kochen. Abgießen, abtropfen lassen. Sahne steifschlagen, Tomatenketchup, Weinbrand, Zitronensaft und scharfen Paprika oder Cayennepfeffer untermischen. Salatblätter in vier gut gekühlte Cocktailgläser legen und die Salatzutaten hübsch darin anordnen. Soße darübergeben, Cocktail mit Eistückchen garnieren. Mit Toast und Butter servieren.

4 Portionen à 200 Kalorien

500 g Spargel
Salz, Zucker
1/4 Dose Krabben
4 Eßlöffel Sahne
3 Eßlöffel Tomatenketchup
1 Spritzer Weinbrand
1 Eßlöffel Zitronensaft
scharfer Paprika
oder Cayennepfeffer
2 Scheiben Ananas
2 hartgekochte Eier
4 Salatblätter

Tip: Das Spargelwasser
ist gut für ein Süppchen
am nächsten Tag!

Tintenfisch in Tomaten

Tomaten aushöhlen und innen mit Salz und Pfeffer würzen. Tintenfisch mit der Flüssigkeit in die Tomaten füllen und mit gehackten Zwiebeln, Kräutern und Olivenscheiben bestreuen. Sehr kalt servieren.
Dazu Toast oder Weißbrot, Butter und spanischen Rotwein servieren.

4 Portionen à 90 Kalorien

1 Dose Tintenfisch
4 Tomaten, Salz, Pfeffer
1 kleine Zwiebel
schwarze Oliven
1 Teelöffel gehackte
Kräuter

Geräucherte Forellen

4 Portionen à 260 Kalorien

8 geräucherte Forellenfilets
einige Salatblätter
1 Dose Spargelspitzen
1 hartgekochtes Ei
Petersilie, Paprikastreifen
1/2 Tasse Weißwein
2 Blatt Gelatine
Salat: 1 Zuckermelone
Saft 1/2 Zitrone
etwas weißer Pfeffer, Salz
Soße: 1/8 l frische Sahne
1/2 Bund Dill
1 Eßlöffel geriebener
Meerrettich
etwas Zitronensaft
Salz, Pfeffer

Die Forellenfilets auf Salatblättern anrichten und mit Spargelspitzen, Eischeiben, Petersilienblättchen und Paprikastreifen garnieren. Die eingeweichte, ausgedrückte Gelatine in kochendheißem Weißwein auflösen. Die Forellen damit bepinseln und kalt stellen. Die Melone rundherum im Zickzack einschneiden, in zwei Hälften teilen, entkernen und Kügelchen ausstechen, die mit Zitronensaft, etwas Pfeffer und Salz gewürzt werden. Dann wieder in die Melone füllen. Soße: Sahne steifschlagen und mit feingeschnittenem Dill, Meerrettich, Zitronensaft, Salz und Pfeffer mischen. Dann abschmecken und anrichten.

Belegte Brote

1. Getoastetes, gebuttertes Weißbrot mit Salatgurkenscheiben belegen, mit Dill bestreuen. Krabben mit Ketchup, scharfem Paprika und geriebenem Meerrettich mischen, auf die Brote geben, mit Zitrone garnieren.

2. Getoastetes Weißbrot buttern, mit Salatblättern und Kronsardinen belegen, mit Perlzwiebel- und Olivenscheiben garnieren.

3. Getoastetes Weißbrot buttern, mit Lachsersatz belegen, mit Zwiebeln, Kapern und Meerrettich garnieren.

4. Getoastetes Weißbrot buttern, mit Salat, Appetit-Sild, Paprikastreifen und Gurkenscheiben belegen.

5. Getoastetes Weißbrot buttern, mit Sardellen und Oliven belegen, leicht pfeffern.

6. Getoastetes Weißbrot buttern, mit Tomaten, Petersilie, Thunfisch und Perlzwiebeln belegen, mit Zitrone beträufeln, mit Pfeffer würzen.

7. Getoastetes, gebuttertes Weißbrot mit Ei belegen und salzen, Mayonnaise mit Kaviar, Zitronensaft und Zwiebeln vermischen, über die Eischeiben geben.

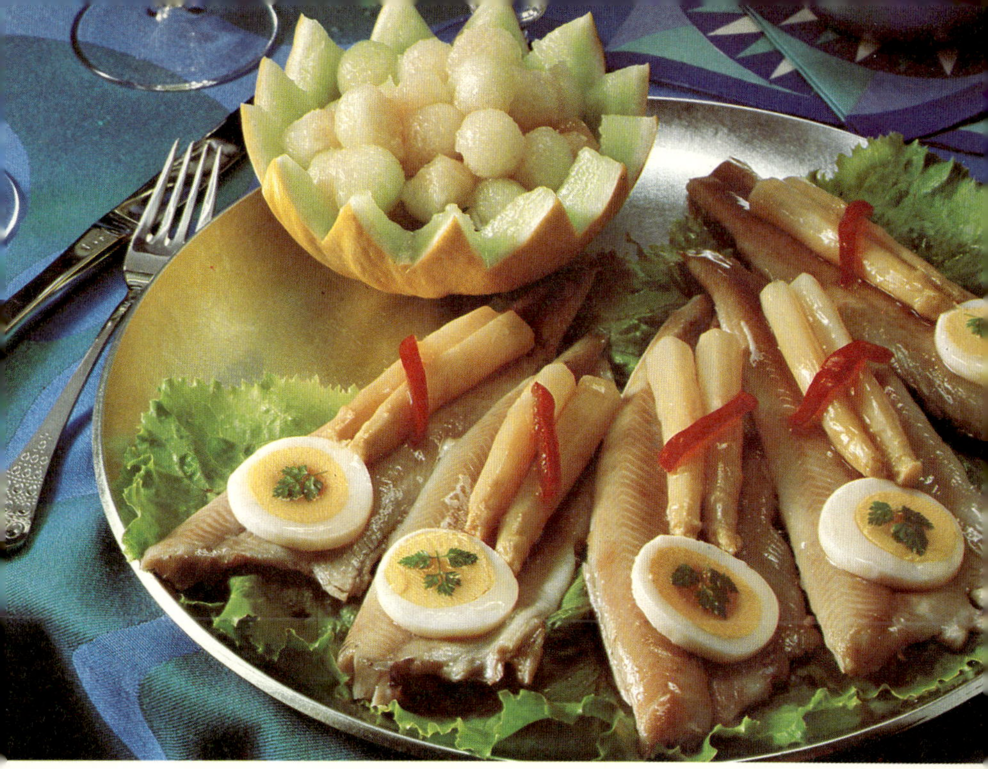

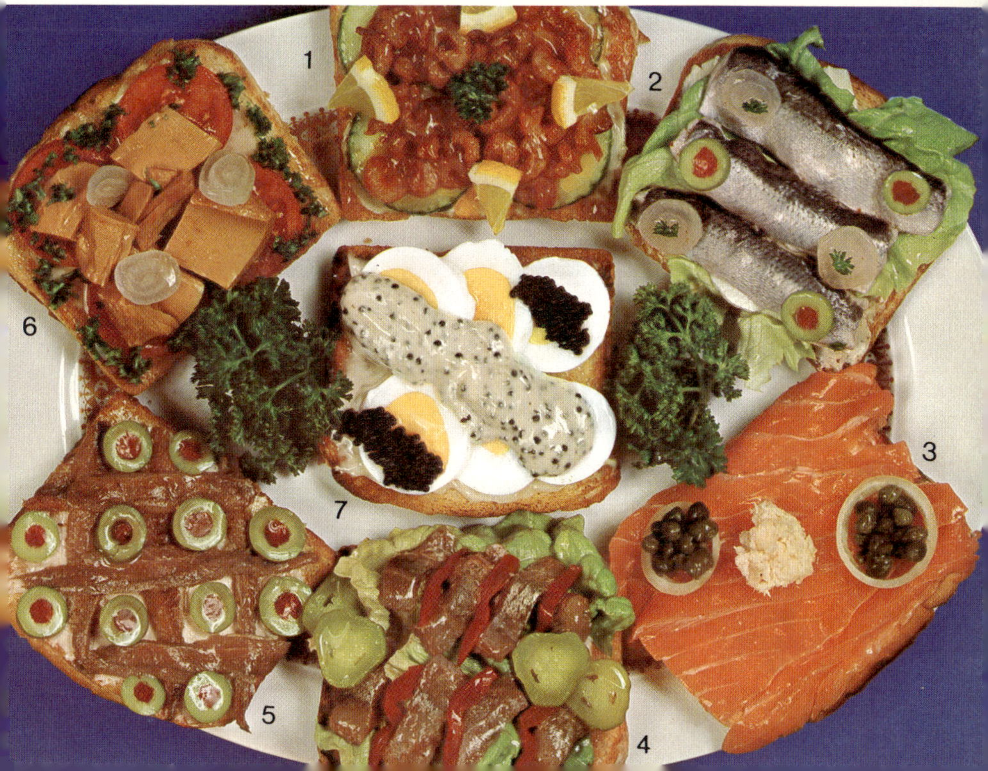
1
2
3
4
5
6
7

Krebsessen

4 Portionen à 520 Kalorien

2 Zwiebeln
1 Stange Porree
2 Möhren
1 Sellerieknolle
150 g Krebsbutter
2 Teelöffel Kümmel
1 Lorbeerblatt
1 Löffelspitze Thymian
1 Teelöffel weiße
Pfefferkörner
1 1/2 l sehr kräftige
heiße Fleischbrühe
24–30 Solokrebse
je etwa 100–150 g
2 Bund Dillzweige

Zwiebeln fein hacken. Porree waschen und die weißen Teile in Streifen schneiden. Möhren und Sellerieknolle waschen, schälen, fein würfeln. In einem hohen Topf Krebsbutter zerlassen, das Gemüse darin hell dünsten. Kümmel, Lorbeerblatt, Thymian und Pfefferkörner in Mullbeutel füllen. Fleischbrühe zugießen, den Gewürzbeutel hineingeben. Pro Person jeweils 1 Krebs waschen, zwischen den Beinen sorgfältig bürsten und in die siedende Brühe geben. 5 Minuten bei geringer Hitze kochen. Krebse herausnehmen, anrichten. (Früher wurde der Darm des lebenden Krebses entfernt, da man vermutete, daß die Krebse sonst bitter werden. Diese Meinung ist heute überholt, der Darm wird erst nach Ausbruch des Schwanzes beim Essen entfernt.) Dill fein schneiden. Brühe in Tassen füllen, mit Dill bestreuen, mit Weißbrot und Butter servieren.

Fischsuppe „Mallorquina"

4 Portionen à 210 Kalorien

2 Zwiebeln
3 Eßlöffel Olivenöl
oder anderes Öl
1 Prise Knoblauchpulver
200 g Fischfilet
1/4 l Weißwein
Salz, Pfeffer
1/2 Lorbeerblatt
1/2 Dose geschälte Tomaten
1/2 l Fleischbrühe
1 gehäufter Teelöffel
Speisestärke
1 Eßlöffel Schnittlauch
30 g geriebener Käse

Die Zwiebeln schälen und fein hacken. Das Öl erhitzen, Zwiebelwürfel darin hell andünsten. Das Fischfilet in 1 cm große Würfel schneiden. Knoblauchpulver dazugeben und verrühren.
Weißwein, etwas Salz, Pfeffer und Lorbeerblatt hinzufügen und die Suppe 5 Minuten ziehen lassen. Dann die Fischwürfel mit einer Siebkelle herausheben und in die Suppenterrine geben. Tomaten und Fleischbrühe in den Suppentopf geben und 5 Minuten stark kochen. Speisestärke mit wenig Weißwein verquirlen, dazurühren, kurz aufkochen lassen. Die Suppe anrichten und mit Käse und Schnittlauch bestreuen.

Tip: Gut schmecken dazu Brotwürfel, die in Öl knusprig geröstet werden.

Fischsuppe mit Reis

(Foto S. 40 oben)

Speckwürfel auslassen, Zwiebel- und Paprikawürfel darin hell anschwitzen, Reis und Fleischbrühe zugeben und 15 Minuten kochen lassen.
250 g Fischfilet in Würfel schneiden, das restliche Fischfilet im Mixer mit dem Ei, Kondensmilch und Gewürzen gut vermischen und zerkleinern. In die Brühe gibt man die Fischwürfel und die zu Klößchen geformte Fischmasse und läßt 5 Minuten ziehen. Die Suppe kann man zuletzt mit Würfeln von abgezogenen Tomaten (ohne das Mark) bestreuen.

4 Portionen à 450 Kalorien

100 g Räucherspeck
1 Zwiebel
1 grüne Paprikaschote
1 Tasse Reis
1 1/4 l Fleischbrühe
aus Brühwürfeln
500 g Fischfilet
1 Ei
4 Eßlöffel Kondensmilch
Salz, Muskat, Pfeffer

Fisch-Chowder

(Foto S. 40 unten)

Den Fisch waschen, würfeln, salzen und mit Zitronensaft beträufeln. Zwiebeln schälen und fein hacken. Die Paprikaschote halbieren, entkernen, waschen und würfeln. Sellerie und Kartoffeln schälen, waschen und würfeln, ebenso den Speck, der im Suppentopf ausgebraten wird. Dann Margarine, Zwiebeln, Paprika, Sellerie und Kartoffeln darin dünsten, bis die Zwiebelwürfel glasig sind. Das Wasser dazugießen und etwa 10 Minuten kochen. Mit Pfeffer und Streuwürze abschmecken, die Fischwürfel 5 Minuten darin ziehen lassen. Die Milch dazugießen und die Suppe erhitzen, aber nicht kochen lassen.

4 Portionen à 295 Kalorien

200 g Fischfilet, Salz
Saft von 1/4 Zitrone
2 Zwiebeln
1 Paprikaschote
1/2 Sellerieknolle
2 große Kartoffeln
50 g durchwachsener
Räucherspeck
1 Eßlöffel Margarine
1/2 l Wasser, Pfeffer
etwa 1/2 Teelöffel
Aromat oder Fondor
1/2 l Milch

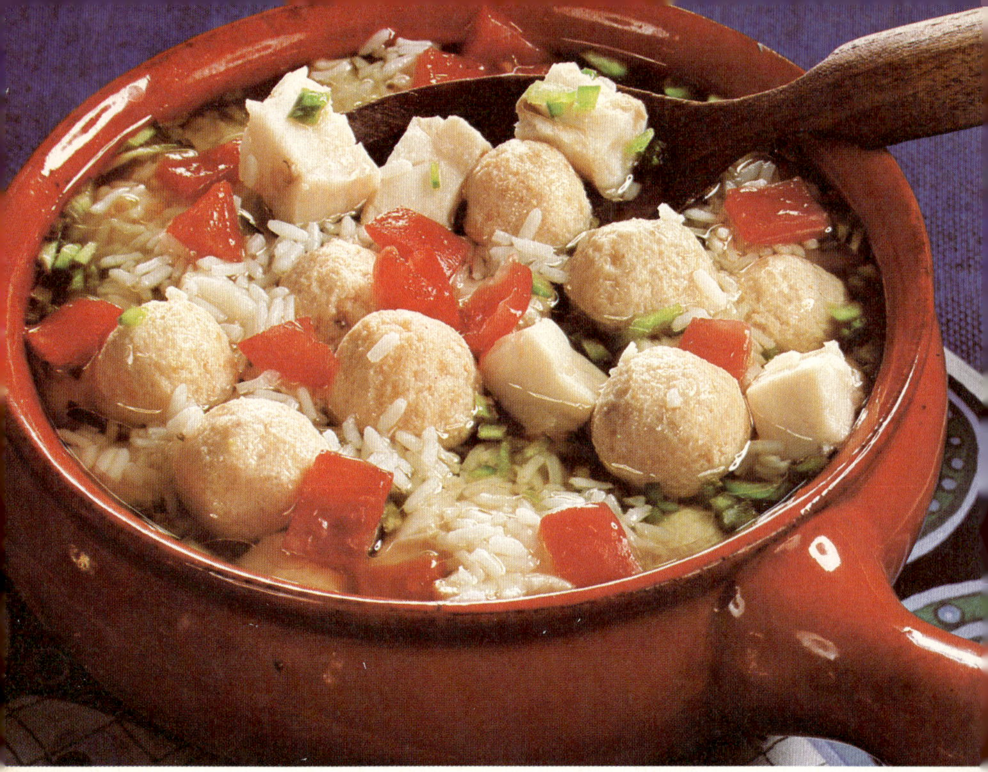

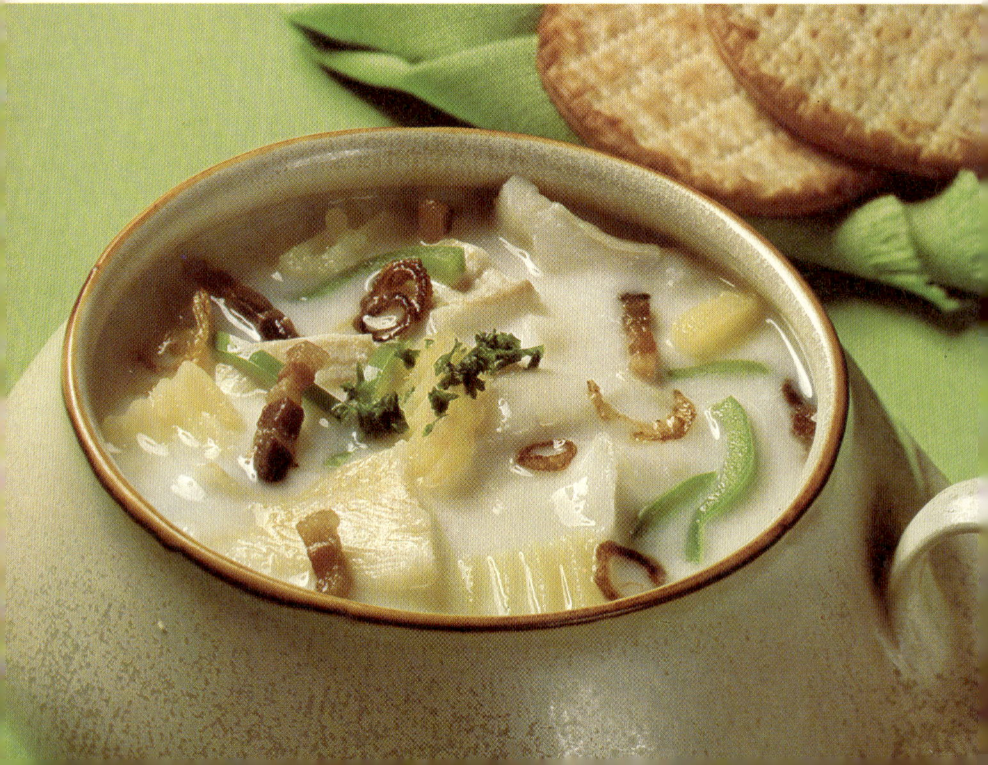

Schwedische Krabbensuppe

4 Portionen à 400 Kalorien

1/4 Dose Krabben
1/2 Weinglas Sherry
1/2 Bund Kerbel
1/2 Dose Tomatensaft
1 Btl. Spargelsuppe
2 Eigelb, Sahne

Krabben mit Sherry und gehacktem Kerbel zugedeckt 1/2 Stunde stehen lassen. Tomatensaft mit 1/2 l Wasser und Spargelsuppe verrühren und aufkochen. Eigelb mit Sahne verrühren, die Suppe zuletzt damit binden, nicht mehr kochen und die Krabben beifügen. Pikant abschmecken (Nr. 1, Foto Seite 41).

Finnische Fischsuppe

4 Portionen à 390 Kalorien

1 Eßlöffel Margarine
2 Kartoffeln, 2 Karotten
1/2 Sellerieknolle
1 Tasse grüne Erbsen
500 g Fischfilet
1 l Wasser, 1 Lorbeerblatt
Pfeffer, Salz
1 Löffelspitze Thymian
1 Eßlöffel Butter
2 Eßlöffel Mehl
1 Tasse Milch, 1 Eigelb
1/4 l saure Sahne

Kartoffel-, Karotten- und Selleriewürfel mit den Erbsen 5 Minuten in Fett dünsten. Das gewürfelte Fischfilet zugeben, mit Pfeffer, Lorbeerblatt, Thymian und Salz würzen, mit kochendem Wasser auffüllen und 10 Minuten kochen lassen. Restliche Butter zerlassen, das Mehl darin verrühren, mit kalter Milch und der heißen Fischbrühe auffüllen und 5 Minuten kochen. Sahne mit Eigelb verrühren, untermischen, den Topf vom Feuer nehmen und das Gemüse wieder in diese Suppe geben. Je nach Wunsch mit etwas Zitronensaft oder Weißwein, Pfeffer und frischem Dill abschmekken. In Finnland wird hierzu Roggenbrot oder Knäckebrot mit Butter gereicht (Nr. 2, Foto Seite 41).

Norwegische Fischcremesuppe

4 Portionen à 300 Kalorien

1 Beutel Fischsuppe
1 Dose Fischbällchen
1/4 l Milch, 1 Eigelb
1/8 l saure Sahne
2 Scheiben Speck
1 Eßlöffel gehackte
Petersilie

Das Fischsuppenpulver in 3/4 l heißes Wasser geben, die Fischbrühe von den Bällchen und die Milch beifügen und alles zusammen 15 Minuten langsam kochen lassen. Die Sahne mit Eigelb verrühren, zuletzt mit den in Scheiben geschnittenen Fischbällchen in die Suppe geben, nicht mehr kochen lassen. Den Speck rösch ausbraten, zerdrücken und mit der feingehackten Petersilie auf die angerichtete Fischsuppe streuen (Nr. 3, Foto Seite 41).

Gratinierte Muschelsuppe

Die Muscheln waschen, gut abbürsten, den Bart entfernen. In 1/2 Tasse kochendes Wasser geben, zugedeckt 8 Minuten garen, dann aus der Schale lösen. Geschälte Knoblauchzehen und Zwiebeln fein, Tomaten und Paprikaschoten grob hacken. Öl erhitzen, Knoblauch und Zwiebeln darin goldgelb dünsten. Tomaten mit dem Saft, Paprika, Weißwein und Muschelbrühe dazugeben, etwa 10 Minuten langsam kochen lassen. Zuletzt die Muscheln daruntergeben, abschmecken und alles in 4 feuerfeste Teller füllen. Mit geriebenem Käse bestreuen und kurz im Ofen überbacken.
Dazu schmeckt getoastetes Weißbrot.
(Foto Seite 45, unten)

4 Portionen à 255 Kalorien

1000 g Miesmuscheln
1/2 Tasse Wasser
2 Knoblauchzehen
1 Zwiebel
1 große Dose Tomaten
1 grüne Paprikaschote
4 Eßlöffel Öl
1/4 l trockener Weißwein
Salz, Pfeffer
50 g geriebener Käse
(Allgäuer, Emmentaler)

Tip: Rohe geöffnete und nach dem Garen nicht geöffnete Muscheln wegwerfen. Sie sind schlecht.

Fischsuppe „Parmentier"

Die Fischbällchen abtropfen lassen und in Scheiben schneiden. Den Speck fein würfeln, die Zwiebel schälen und fein hacken, den Porree längs halbieren, waschen und in Streifen schneiden. Räucherspeck in Suppentopf auslassen, Zwiebeln und Porree zufügen und einige Minuten dünsten. Dann Fleisch- und Fischbrühe (von den Fischbällchen) zugießen. Kartoffelpüreepulver oder -flocken hineinstreuen und dabei mit einem Schneebesen rühren. 5 Minuten kochen, die Milch dazugießen und die Suppe mit Salz, Pfeffer und Muskat pikant abschmecken. Die in Scheiben geschnittenen Fischbällchen dazugeben, noch einmal kurz aufkochen und mit Schnittlauch bestreuen. Heiß servieren und dazu Toast oder Salzgebäck essen (Nr. 1, Foto Seite 117).

4 Portionen à 310 Kalorien

1 Dose Fischbällchen (400 g)
75 g Räucherspeck
1 Zwiebel
2 Stangen Porree
3/4 l Fleischbrühe (Würfel)
1/2 Paket Kartoffelpüreepulver oder -flocken
1/4 l Milch
Salz, Pfeffer, Muskat
etwa 1/2 Bund Schnittlauch
Foto: Seite 117

Bouillabaisse

6 Portionen à 490 Kalorien
(ohne Soße)

750 g festfleischige Fische
(Seeaal, Kabeljau,
Steinbutt, Heilbutt
Seezungen)
750 g weichfleischige
Fische (Merlan, Schellfisch
Weißfische)
500 g Miesmuscheln
2 lebende Hummer
je etwa 250 g
3 große Zwiebeln
2 Stangen Porree
3 Knoblauchzehen
500 g Tomaten
1 Bund Petersilie
1/8 l Olivenöl
1/2 Teelöffel Thymian
1/2 Teelöffel Fenchelkraut
1 Lorbeerblatt
1 Stück Orangenschale
etwa 1 Teelöffel Salz
1/4 Teelöffel schwarzer
Pfeffer
2 Beutel Safran
1/2 l herber Weißwein
1 l Wasser

Brotbeilage:
1/2 Pariser Brot
etwas Olivenöl
1 Knoblauchzehe

Fische beim Händler schuppen und ausnehmen lassen. Muscheln in reichlich kaltem Wasser gut bürsten und den Bart entfernen. Hummer gründlich waschen und dabei zwischen den Beinen bürsten. Zwiebeln schälen, Porree putzen und beides in Ringe schneiden. Knoblauchzehen schälen und fein hacken. Tomaten abziehen, entkernen und in Würfel schneiden. Petersilie fein hacken. Öl, Zwiebeln, Porree und Knoblauch in einen großen Topf geben und 5 Minuten dünsten. Tomaten, Thymian, Fenchel, Lorbeerblatt, Orangenschale, Muscheln, festfleischige Fische, Salz, Pfeffer, Safran, Weißwein und Wasser zugeben. Alles zum Kochen bringen. Hummer hineinlegen, 5 Minuten kochen, wieder herausheben und vierteln. Die Hummerteile mit den weichfleischigen Fischen wieder in den Topf geben. Bouillabaisse noch 8 Minuten kochen und zuletzt Petersilie hineinstreuen.

Brotbeilage: Pariser Brot in dünne Scheiben schneiden, mit etwas Öl beträufeln und im Backofen bei starker Hitze oder unter dem Grill knusprig rösten. Dann mit der Knoblauchzehe einreiben.

Dazu Knoblauchsoße (Sauce Rouille S. 46).

Tip: Anstelle von Merlan, Schellfisch und Weißfischen können Sie ebensogut eine Mischung von Mittelmeerfischen wählen, etwa Rotbarben, Drachenfische, St.-Peters-Fische, Drachenköpfe (Rascasse) oder dergleichen.

Gratinierte Muschelsuppe Rezept S. 43

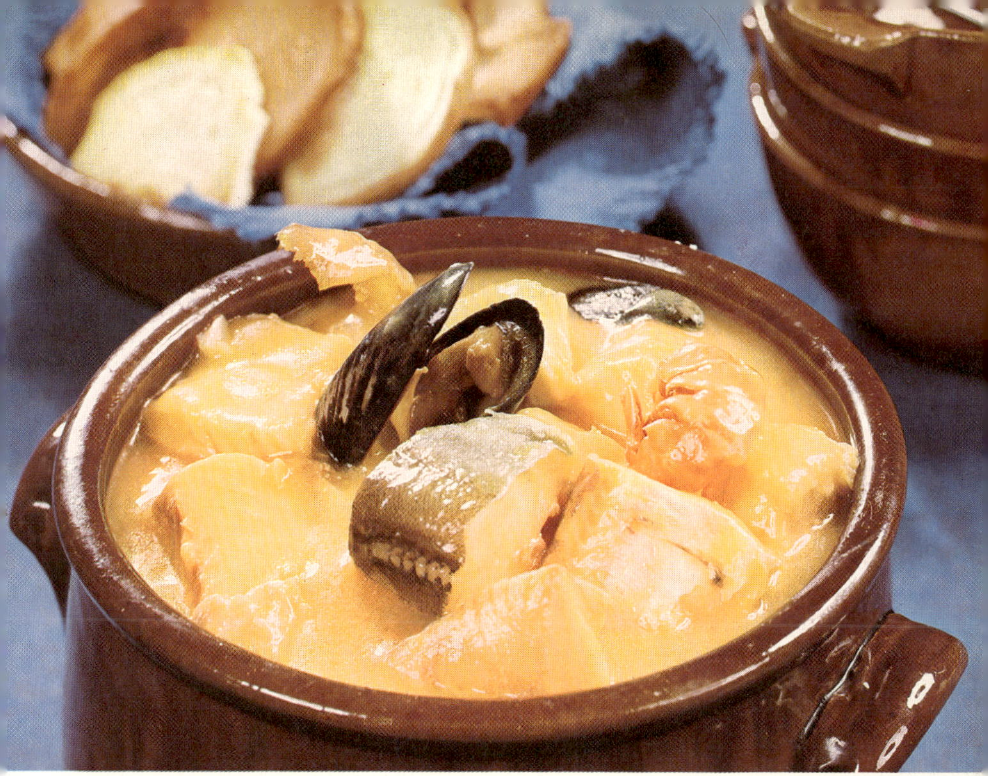

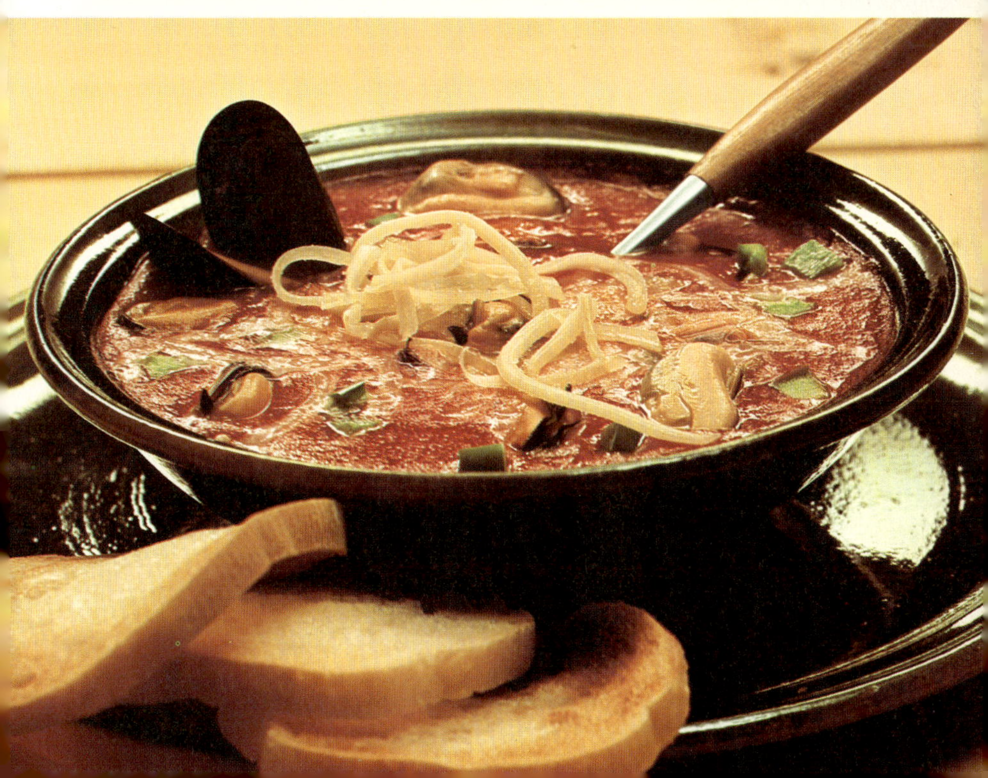

Andalusische Soße

4 Portionen à 130 Kalorien

1/2 Glas Mayonnaise mit 2 Eßlöffeln Tomatenmark, schwarzem, gemahlenem Pfeffer und Saft von 1/6 Zitrone verrühren. 2 Eßlöffel in Streifen geschnittene rote Paprikaschoten (geschält, in Öl eingelegt) untermischen.

Zu kalten Fischspeisen, Salm, Heilbutt oder zu gebratenem und fritiertem Fisch. Zu Krabben.

Kräuterbutter

4 Portionen à 140 Kalorien

75 g Butter schaumig rühren. 1/2 Tasse feingehackte frische Kräuter (Dill, Kerbel, Estragon, Petersilie, Schnittlauch), Saft von 1/4 Zitrone, 1 Teelöffel Worcestersoße, etwas scharfen Paprika und Aromat oder Fondor untermischen. Zu gebratenem und gegrilltem Fisch.

Sauce Rouille

4 Portionen à 220 Kalorien

2 Zehen Knoblauch, 1 kleine getrocknete Chilischote in einem Mörser zerstampfen. 2 Eigelb, 1/2 Teelöffel Edelsüß-Paprika und 1 Prise Salz zugeben. Gut verrühren und langsam tropfenweise 1/8 l Olivenöl untermischen (wie Mayonnaise). Spezialsauce zur Bouillabaisse (Seite 44). Für Fischsalate, zu gebratenem und fritiertem Fisch, zu gebackenen Krabben.

Zwiebelbutter

3 Zwiebeln schälen, fein würfeln. In 75 g Butter gelb braten. Mit Pfeffer und Salz würzen.
Zu gekochtem Fisch.

4 Portionen à 170 Kalorien

Heiße Senfbutter

75 g Butter in einer Pfanne aufschäumen lassen. 2 Eßlöffel Senf und Saft von 1/4 Zitrone zugeben und mit etwas Aromat oder Fondor würzen. Zu gekochtem Fisch.

4 Portionen à 145 Kalorien

Remoulade

1/2 Glas Mayonnaise in Schüssel geben. 2 Essiggurken, 1 Eßlöffel Kapern, 3 Sardellenfilets, 1 Teelöffel Zwiebelwürfel und 1/2 Tasse grob zerkleinerte, frische Kräuter fein hacken oder im Mixer zerkleinern. Unter Mayonnaise rühren und mit Salz und Pfeffer würzen.
zu fritiertem und gebratenem Fisch, Fischsalaten und Krabben.

4 Portionen à 140 Kalorien

Tatarensoße

Unter Remoulade zusätzlich ein hartgekochtes gewürfeltes Ei und 1 Löffelspitze Rosenpaprika geben.

4 Portionen à 160 Kalorien

1 Sahne-Meerrettich

4 Portionen à 120 Kalorien

1/8 l süße Sahne steif schlagen, 1 Becher Joghurt, 2 Eßlöffel geriebener Meerrettich, 1/2 Teelöffel Zucker, Saft von 1/6 Zitrone und 1 Prise Salz unterheben. Zu gebratenem und fritiertem Fisch, zu Räucherlachs und Räucheraal (Nr. 1, Foto Seite 49).

2 Tomatenbutter

4 Portionen à 150 Kalorien

75 g Butter schaumig rühren. 1 Teelöffel Paprikamark, 2 Teelöffel Tomatenmark, etwas Cayennepfeffer und etwas Zwiebelpulver untermischen und mit Salz abschmecken. Zu fritiertem, gebratenem oder gekochtem Fisch (Nr. 2, Foto Seite 49).

3 Chinesische Soße

4 Portionen à 110 Kalorien

2 geschälte Zwiebeln würfeln und in Öl gelb dünsten. 1/2 Tasse Tomatenketchup, 1/4 Tasse Weinessig, 2 Eßlöffel Sojasoße, 1 gehäufter Eßlöffel Zucker zugeben. Saft einer Dose Mandarinen mit 1 Teelöffel Speisestärke verquirlen, in die Soße rühren und aufkochen. Mandarinen zugeben. Mit Salz und Zucker abschmecken. Zu gebratenem, fritiertem oder gedünstetem Fisch mit Reis als Beilage (Nr. 3, Foto Seite 49).

4 Meerrettichbutter

4 Portionen à 140 Kalorien

75 g Butter rühren, Saft 1/4 Zitrone, 2 Eßlöffel ger. Meerrettich und je 1 Prise Salz und Zucker untermischen. Zu gebratenem und gekochtem Fisch (Nr. 4, Foto Seite 49).

Korinthensoße

4 Portionen à 80 Kalorien

1 gehäufter Eßlöffel Zucker in einem Topf trocken bräunen, mit 4 Eßlöffel Essig ablöschen und ein Päckchen, nach Vorschrift angerührtes Braten-Soßenpulver beifügen. Auf kleiner Flamme kochen lassen und 2 Eßlöffel heiß gewaschene Korinthen zuletzt beifügen. Zu Schwedischen Heringsfrikadellen (Seite 103).

Käsecreme zum Überbacken

4 Portionen à 165 Kalorien

125 g Gouda oder Edamer Käse reiben. 75 g gekochten Schinken in Streifen schneiden. Beides mit 1 Becher Joghurt vermischen und mit Muskat und etwas Cayennepfeffer würzen. Auf gedünsteten Fisch streichen, mit Semmelbröseln bestreuen und unter dem Grill überbacken.

Tomatensoße „Artemis"

4 Portionen à 100 Kalorien

1 Zwiebel und 1 Zehe Knoblauch schälen und fein hacken. In 2 Eßlöffel Öl gelb dünsten. 1 große Dose abgezogene Tomaten mit Saft zugeben. Offen 20 Minuten dünsten. Mit 1 Teelöffel Basilikum, schwarzem, gemahlenem Pfeffer, Salz und Tomatenketchup abschmecken. Zu gedünstetem Fisch.

Currysoße

4 Portionen à 140 Kalorien

1 gehackte Zwiebel und 1 gewürfelter Apfel in 1 Eßlöffel Margarine 5 Minuten dünsten. 2 Teelöffel Curry, 1/4 l Fischbrühe und 2 Eßlöffel Tomatenketchup zugeben. Aufkochen. 1/8 l saure Sahne mit 1 Teelöffel Speisestärke verquirlen, Soße damit binden. Mit Salz und Zucker abschmecken. Zu gekochtem oder gedünstem oder gebratenem Fisch.

Grüne Soße

4 Portionen à 120 Kalorien

Ein Bund frische grüne Kräuter (Kerbel, Dill, Estragon, Pimpernell, Boretsch, Sauerampfer, Schnittlauch und Petersilie, je nach Marktangebot) waschen und im Mixer fein zerkleinern. 1 hartgekochtes Ei, 1/2 Glas Mayonnaise, Salz und Pfeffer untermischen. Soße abschmecken. Zum gebratenen, fritierten, gekochten und gedünsteten Fisch (Foto Seite 52 oben).

Meerrettichsoße

4 Portionen à 125 Kalorien

4 Scheiben Toastbrot entrinden. 1/4 l Milch erhitzen, Brotscheiben, 1 Teelöffel Fleischbrühe-Extrakt, 1 Teelöffel Zucker und Salz zugeben. Vom Feuer nehmen und mit Schneebesen durchschlagen. 3 Eßlöffel geriebenen Meerrettich und Saft von 1/2 Zitrone zugeben und abschmecken. Zu gekochtem und gedünstetem Fisch.

Fisch-Paprika-Soße

4 Portionen à 110 Kalorien

50 g Räucherspeck in Streifen schneiden und glasig werden lassen, 1 gewürfelte Zwiebel und 1 grüne, in Streifen geschnittene Paprikaschote zugeben und 5 Minuten dünsten. 4 abgezogene, grob gehackte Tomaten, Knoblauchsalz, etwas Thymian und Salz zugeben und nochmals aufkochen. Mit Tomatenketchup abschmecken. Zu gebratenem und gekochtem Fisch.

Dillsoße

4 Portionen à 160 Kalorien

2 Zwiebeln fein hacken. Mit 1/8 l Weißwein 2 Minuten kochen. 1/8 l süße Sahne mit 1 Eigelb und 2 Teelöffeln Speisestärke verquirlen und unter den Wein mischen. Einmal aufkochen. 1 Bund geschnittenen Dill untermischen und mit 1 Teelöffel Aromat oder Fondor, Salz und Pfeffer abschmecken. Zu gekochtem, gedämpftem oder gedünstetem Fisch oder Krabben.
(Foto Seite 52 unten)

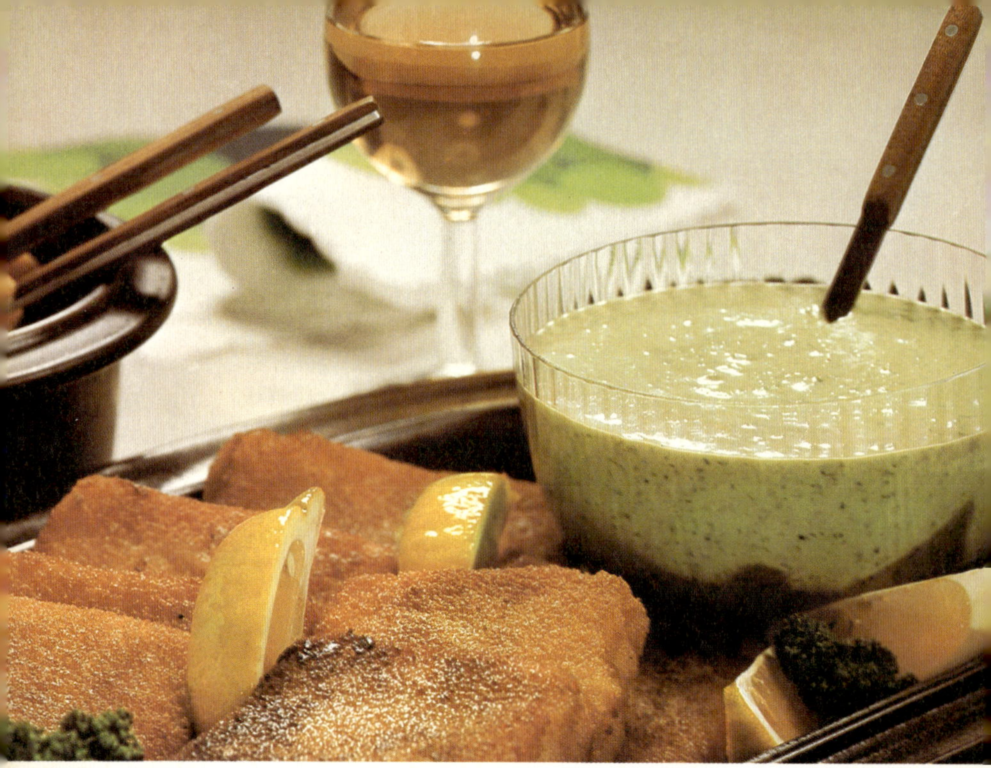

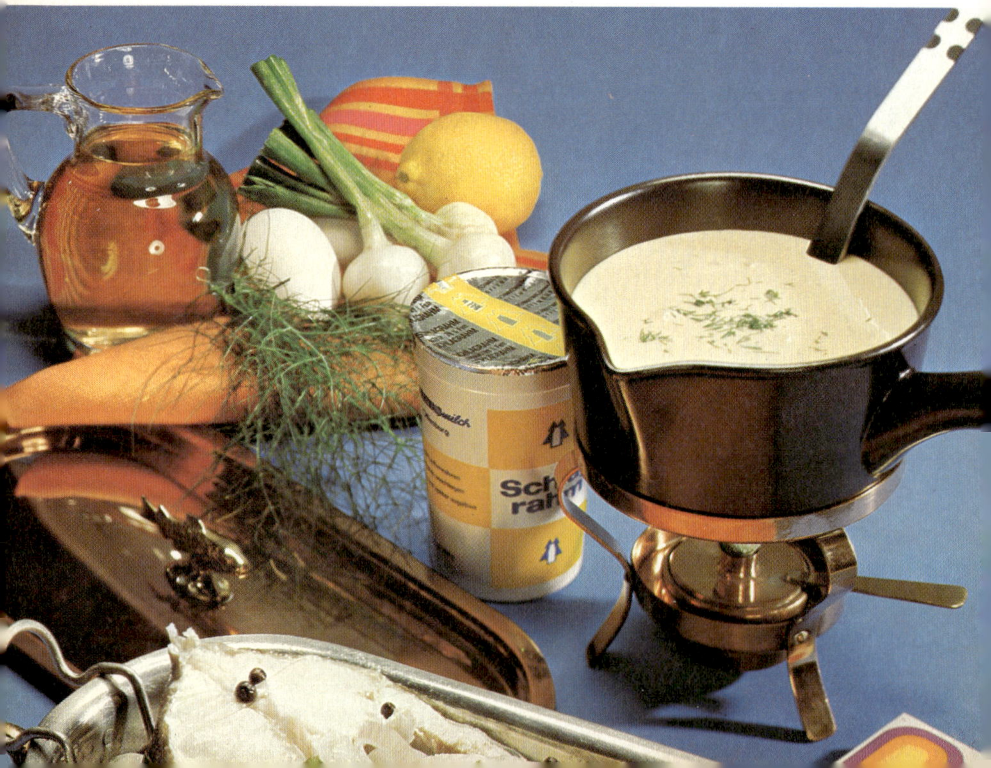

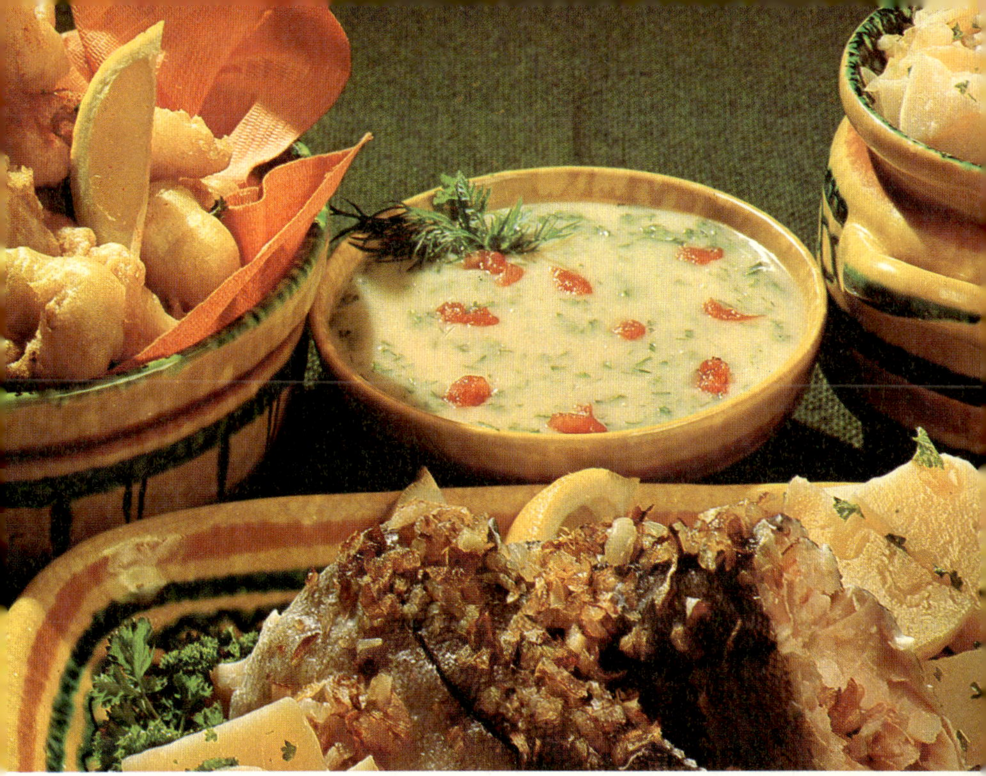

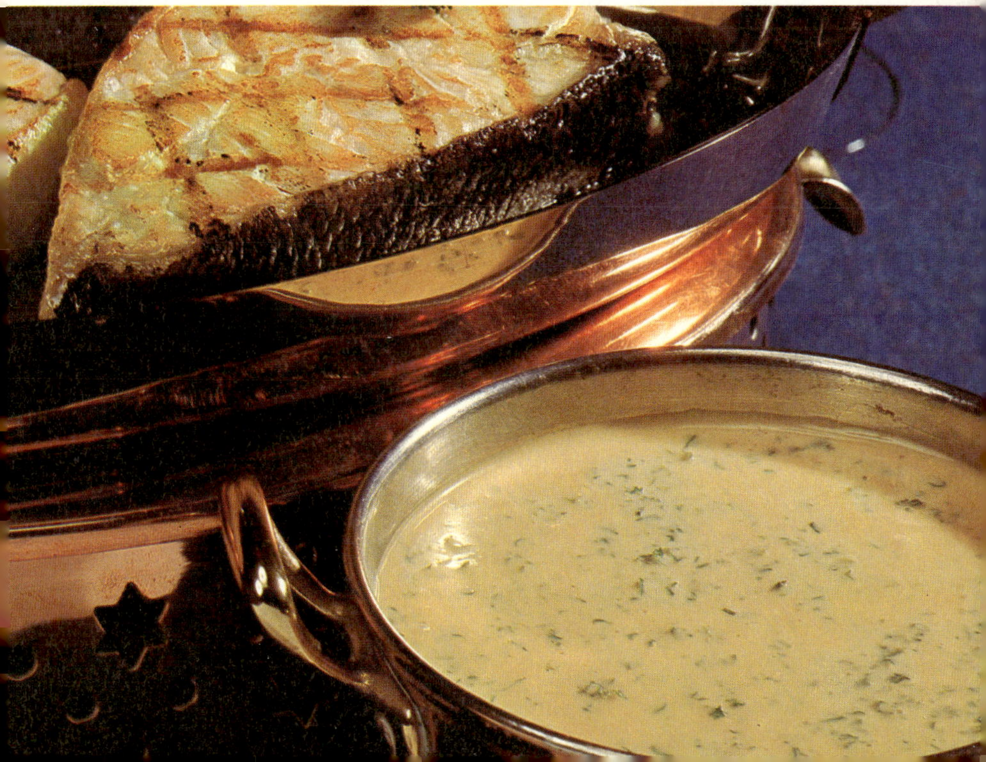

Bunte Mayonnaise

4 Portionen à 140 Kalorien

1/2 Glas Mayonnaise, 1/2 Teelöffel Sardellenpaste, 1/2 Bund gehackte Petersilie vermischen. 2 Tomaten abziehen, entkernen und würfeln. Unter die Mayonnaise mischen und mit etwas Zitronensaft und Pfeffer abschmecken. Zu gebratenem und fritiertem Fisch. (Foto S. 53 oben)

Sauce Hollandaise

8 Portionen à 260 Kalorien

Für 4 Personen: 3 Eigelb,
1/2 Tasse Wasser,
1 Teelöffel Zitronensaft
125 g Butter
125 g Margarine
Salz, 1 Prise weißen Pfeffer

Eigelb mit lauwarmem Wasser und Zitronensaft im Wasserbad schlagen, bis die Masse dickschaumig ist. Das warme Fett tropfenweise in die aus dem Wasserbad genommene Eigelbsoße rühren, würzen. Nicht stark erhitzen, da sie sonst gerinnt. Im Wasserbad warm halten.

Sauce Bearnaise

8 Portionen à 270 Kalorien

1/8 l Weißwein mit 3 Eßlöffeln Estragonessig, 1 feingehackten Zwiebel und 1/2 Teelöffel grob zerdrückten weißen Pfefferkörnern aufkochen und 2/3 einkochen lassen. Danach abseihen, 3 Eigelb zugeben, wie bei der Hollandaise aufschlagen, zerlassenes Fett (125 g Butter und 125 g Margarine) tropfenweise zugeben. Zuletzt mit Cayennepfeffer würzen, gehackte Petersilie, Estragon und Kerbel untermischen. (Foto S. 53 unten)

Kalte Thunfischsoße

1 Zwiebel, 1/2 Bund Petersilie, 1/4 Teelöffel Thymian und 1 Dose Thunfisch mit dem Öl in einem Mixer fein pürieren. Mit Saft 1/2 Zitrone, Salz, Pfeffer und etwas Knoblauchpulver abschmecken und 1/2 Beutel Mayonnaise unterrühren. Zu kaltem Fleisch (Braten).

6 Portionen à 145 Kalorien

Piccalilli-Soße

2 Eßlöffel Piccalilli (= englische Senf-Mixed-Pickles) fein hacken. Mit 1/2 Beutel Mayonnaise und 1/2 Becher Joghurt verrühren. Nach Wunsch mit gehackter Petersilie und hartgekochten Eiern vermischen. Zu gebratenem und fritiertem Fisch. Für Fischsalate.

4 Portionen à 145 Kalorien

Cocktailsoße

3 Eßlöffel süße Sahne steif schlagen. 1/2 Beutel Mayonnaise, 4 Eßlöffel Tomaten-Ketchup, Saft 1/4 Orange, 1 Teelöffel Zitronensaft, Salz und einige Tropfen Tabasco-Sauce untermischen. Abschmecken. Zu gebakkenen Shrimp oder Krabben, Fisch- und Schalentier-Salaten oder -Cocktails.

4 Portionen à 190 Kalorien

Schwedische Soße

2 Äpfel fein raffeln, mit 1 Eßlöffel geriebenem Meerrettich, Saft 1/4 Zitrone, 1 Becher Joghurt und 3 Eßlöffel Mayonnaise vermischen. Mit Salz und Pfeffer sowie einer Prise Zucker abschmecken. Zu fritiertem Fisch, für Fischsalate.

4 Portionen à 150 Kalorien

Seezungenröllchen in Hummersoße

4 Portionen à 255 Kalorien

8 Seezungenfilets
Salz, Pfeffer
Saft von 1/2 Zitrone
1 Zwiebel oder 2 Schalotten
1 Eßlöffel Butter
oder Margarine
1/8 l Weißwein
1 Dose Hummersuppe
(gut 1/3 l)
2 Eßlöffel frische Sahne
1 Eigelb
2 gestrichene Teelöffel
Speisestärke
nach Wunsch 1 Eßlöffel
Weinbrand

Die Seezungenfilets kurz waschen, mit Salz und Pfeffer einreiben, aufrollen, mit Holzspießchen zusammenstecken und mit Zitronensaft betropfen. Zwiebel oder Schalotten schälen, fein hacken und mit Butter oder Margarine und Weißwein in einen passenden Topf geben. Die Seezungenröllchen dicht aneinander hineinsetzen, zudecken und auf schwacher Hitze 10 Minuten dünsten. Dann herausheben und den Fischsud auf die Hälfte einkochen. Die Hummersuppe hinzufügen und aufkochen. Sahne mit Eigelb und Speisestärke verquirlen, dazurühren und aufkochen. Die Soße mit Weinbrand abschmecken und zu den Seezungenröllchen anrichten. Mit frischem Salat, Petersilienkartoffeln und Weißwein servieren.

Karpfen in Bier oder polnisch

4 Portionen à 380 Kalorien

1000 g Karpfen
(ausgenommen)
Salz, Pfeffer
1 Eßlöffel Butter
oder Margarine
1 Zwiebel
1/2 Tasse gehackte Petersilie
1 Tasse feingeschnittener
Lauch, 1/2 l dunkles Bier
1 Lorbeerblatt, 1 Nelke
50 g Lebkuchen
(oder 4–5 Zwieback und
1/2 gestrichener Teelöffel
Lebkuchengewürz)
1 Eßlöffel Zucker
2–3 Eßlöffel Essig
oder Zitronensaft

Karpfen (ohne Kopf und Flossen) gut auswaschen, in 4 Teile schneiden und mit Salz und Pfeffer pikant würzen. Zwiebelwürfel in Fett hellgelb werden lassen, Petersilie und Lauch zugeben, 2–3 Minuten dünsten, danach die Karpfenteile einlegen und weitere 5 Minuten dünsten. Bier, Lorbeerblatt, Nelke, Lebkuchen (oder Zwieback und Lebkuchengewürz) zugeben und zugedeckt bei schwacher Hitze ca. 20 Minuten langsam garen. Den Zucker in einem trockenen Topf zu Karamel schmelzen, mit Essig oder Zitronensaft ablöschen und zur Soße geben. Die Soße eventuell mit etwas Speisestärke binden. Mit Kartoffelklößen oder Salzkartoffeln reichen.

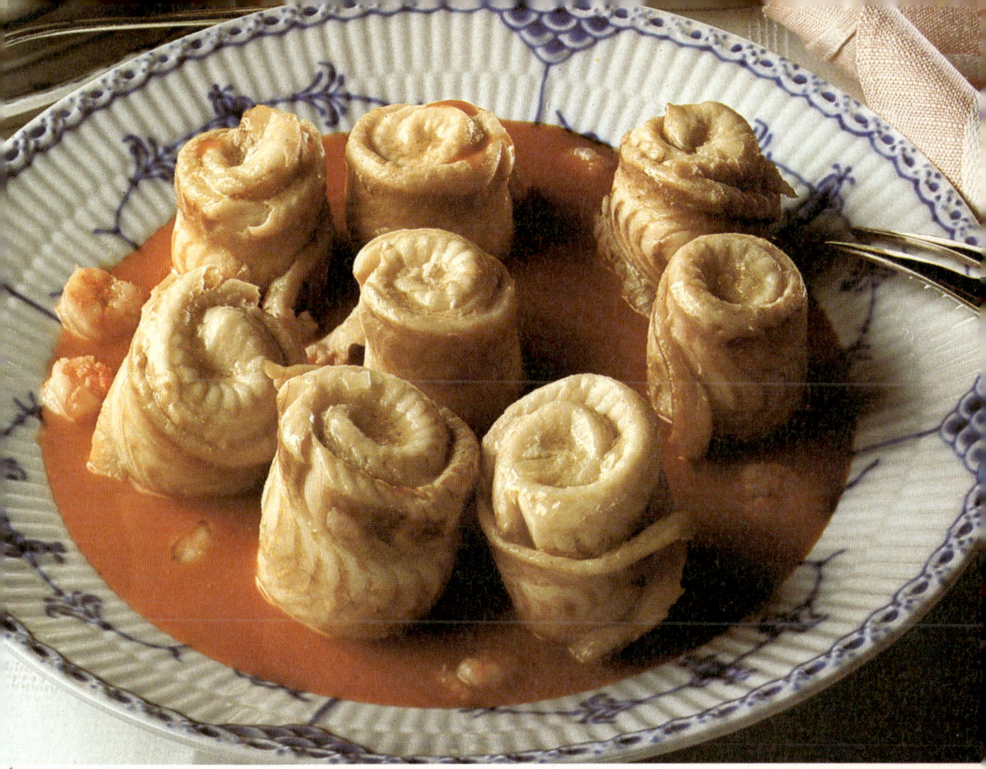

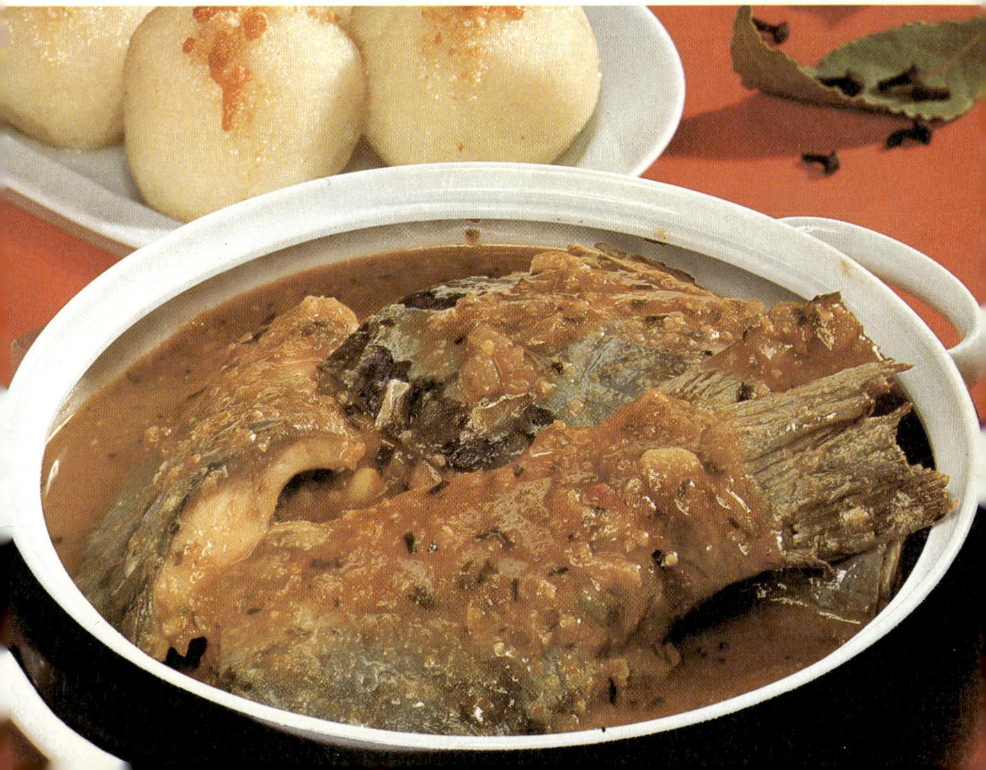

Seezungenfilets in Weißwein

4 Portionen à 340 Kalorien

400 g Seezungenfilets
1 Eßlöffel Butter
oder Margarine
1 Zwiebel
Salz, weißer Pfeffer
1/2 Teelöffel Estragon
1 Teelöffel gehackte
Petersilie
1/4 l Weißwein
Saft von 1/4 Zitrone
1/4 l süße Sahne
2–3 Teelöffel Speisestärke
1/2 Teelöffel Aromat
oder Fondor

Die Seezungenfilets waschen, einen flachen Topf mit der Butter ausreiben, feingehackte Zwiebelwürfel darüberstreuen und die Seezungenfilets nebeneinander einlegen. Mit Salz, Pfeffer, Estragon und Petersilie würzen und mit Weißwein und Zitronensaft begießen. Ein Pergamentpapier darüberlegen und die Seezungenfilets ca. 5 Minuten leicht dünsten lassen. Die gegarten Seezungenfilets anrichten, die Sahne mit der Speisestärke verrühren, zu der Fischbrühe geben, aufkochen lassen und die Fischsoße mit Aromat oder Fondor pikant abschmecken. Als Beilagen Reis oder Salzkartoffeln und grünen Salat servieren.

Gedünsteter Heilbutt mit Krabbensoße

4 Portionen à 345 Kalorien

4 Scheiben Heilbutt à 200 g
1 Zwiebel oder 2 Schalotten
1 Eßlöffel Butter
oder Margarine
1/4 l Weißwein
Saft von 1/2 Zitrone, Salz
1 Päckchen Helle Soße
für 1/4 l
1/8 l Milch oder
frische Sahne
1 Päckchen tiefgekühlte
Krabben
etwas scharfer Paprika

Zwiebel oder Schalotten schälen und fein hacken. Einen flachen Topf mit Butter oder Margarine einfetten, Zwiebel- oder Schalottenwürfel hineinstreuen und die Heilbuttschnitten nebeneinander darauflegen. Mit Weißwein und Zitronensaft übergießen, mit Salz bestreuen, zudecken und auf schwacher Hitze 10 Minuten dünsten. Den Fischsud in einen Soßentopf gießen, das Soßenpulver mit Milch oder Sahne verquirlen, dazurühren und aufkochen. Die Krabben hineingeben und erhitzen. Die Soße mit Paprika abschmecken und beim Anrichten über die Heilbuttschnitten geben. Dazu junge Erbsen, Salzkartoffeln und leichten Weißwein servieren.

Gefüllte Forellen

Die Forellen auftauen lassen, innen und außen salzen und mit Pfeffer einreiben. Die Champignons putzen, waschen und in Scheibchen schneiden. Die Zwiebel schälen und fein hacken. Einen flachen Topf mit Butter oder Margarine einfetten, die Zwiebelwürfel hineinstreuen. Die Forellen mit Champignons füllen, in den Topf legen und die übrigen Champignons auch hineingeben. Zitronensaft und Weißwein dazugießen, die Forellen zudecken und etwa 12 Minuten dünsten. Anrichten, Sahne mit Speisestärke und Eigelb verquirlen, zum Fischsud rühren, aufkochen. Dill hineingeben, die Soße abschmecken und über die Forellen geben. Salzkartoffeln und Gurkensalat sowie Rosé-Wein dazu reichen.

4 Portionen à 320 Kalorien

4 tiefgekühlte Forellen
Salz, Pfeffer
250 g frische Champignons
1 Zwiebel
1 Eßlöffel Butter
oder Margarine
Saft von 1 Zitrone
1/4 l Weißwein
1/8 l frische Sahne
1 Teelöffel Speisestärke
1 Eigelb
1 Eßlöffel getrocknete
Dillspitzen

Hechtschnitten in Kräutersoße

Die Hechtschnitten kurz waschen. Einen flachen Topf mit Butter ausstreichen, gehackte Zwiebeln hineinstreuen, den Fisch hineinlegen, leicht salzen und mit Weißwein und Zitronensaft übergießen. Dann bei schwacher Hitze etwa 10 Minuten dünsten, herausnehmen und auf einer heißen Platte anrichten. Wasser, Milch und Soßenpulver zum Fischsud rühren und die Soße einmal aufkochen. Mit Aromat oder Fondor und Pfeffer abschmecken, den Dill hinzufügen. Eigelb mit frischer oder saurer Sahne verquirlen und in die Soße rühren. Dann mit dem Hecht und Petersilienkartoffeln servieren.

4 Portionen à 300 Kalorien

750 bis 1000 g Hecht in
etwa 2 cm dicken Scheiben
1 Eßlöffel Butter
1 Zwiebel, Salz
1/8 l Weißwein
Saft von 1 Zitrone
1/8 l Wasser
1/8 l Milch
1 Päckchen Helle Soße
für 1/4 l
1 Teelöffel Aromat
oder Fondor
weißer Pfeffer
1 Bund frischer
feingehackter oder
1 Teelöffel getrockneter
Dill, 1 Eigelb
2 bis 3 Eßlöffel frische
oder saure Sahne

Hecht ist sehr fettarm und
reich an Mineralstoffen

Felchen in Weißweinsoße

4 Portionen à 250 Kalorien

4 frische
vorbereitete Felchen
1 Zwiebel, 1 Bund Dill
1/8 l Weißwein
Salz, Pfeffer
Saft 1 Zitrone
1/8 l frische Sahne
1 gehäufter Teelöffel Mehl
1 Likörglas Vermouth Dry

Zwiebel schälen, fein hacken, Dill fein schneiden. Felchen waschen, in flachen Topf legen, Zwiebelstücke, Dill, Weißwein, Salz, Pfeffer und Zitronensaft zugeben, zudecken und 10 Minuten langsam dünsten. Felchen herausnehmen und enthäuten. Sahne mit Mehl verquirlen, Fischbrühe damit binden. Mit Vermouth abschmecken. Soße über den Fisch gießen. Etwas scharfen Paprika darüberstäuben. Mit Reis oder Salzkartoffeln servieren.

Gedünsteter Heilbutt in Weinrahmsoße

4 Portionen à 480 Kalorien

4 Scheiben Heilbutt à 250 g
1 Zwiebel
1 Eßlöffel Margarine
250 g frische Champignons
Salz, Pfeffer
Saft von 1 Zitrone
1/4 l Weißwein oder
1/8 l Weißwein und
1/8 l Vermouth Dry
2 Eigelb
1/8 l süße Sahne
1 Teelöffel Speisestärke

Die Heilbuttschnitten waschen, Zwiebel schälen, fein hacken. Einen flachen Topf mit Margarine ausstreichen, Zwiebeln einstreuen und den Fisch nebeneinander hineinlegen. Champignons putzen, gut waschen und in 1 cm dicke Scheiben schneiden (einige Pilze ganz lassen, zur Garnitur mit dem Messer einritzen), um den Fisch geben, alles mit Salz und Pfeffer würzen, Zitronensaft und Wein hinzugießen. Mit gefettetem Butterbrotpapier bedecken und zugedeckt langsam 15 Minuten dünsten. Jetzt den Fisch auf einer ovalen, flachen Platte anrichten. Eigelb, Sahne und Speisestärke verrühren, die Soße damit binden, über den Fisch gießen und mit Pilzen garnieren. Dazu schmekken Salzkartoffeln und Gurkensalat besonders gut.

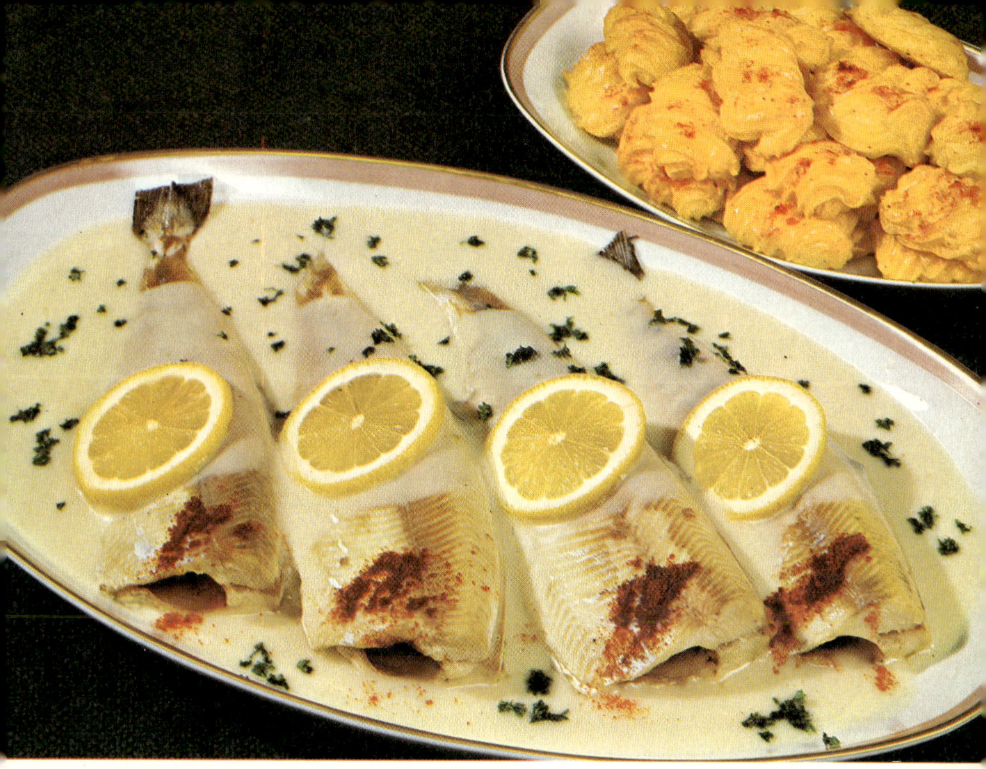

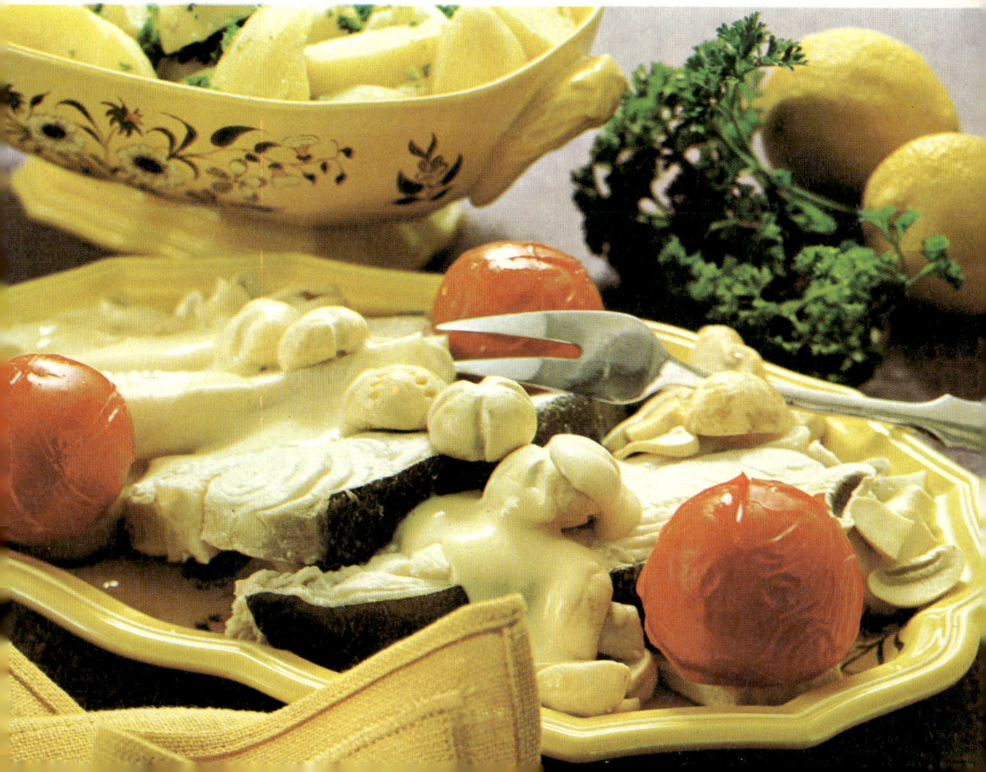

Seezunge oder Scholle „Doria"

4 Portionen à 560 Kalorien

4 Fische à 300 g
1 Zwiebel
1/4 l Weißwein
Zitrone, Streuwürze
Pfeffer, Salz
1 Salatgurke
200 g Reis
1 Eigelb
10 g Speisestärke
2 Eßlöffel Milch, Dill

Fische (Seezungen oder Schollen) waschen, in die Fettpfanne legen, mit Zwiebelwürfeln bestreuen. Saft von 1/2 Zitrone, Weißwein, Pfeffer, Streuwürze (Fondor) und Salz hinzufügen, Gurke schälen, längs halbieren, entkernen und in Streifen schneiden, an die Seite geben. Den Fisch mit gefettetem Pergament zudecken, im Backofen bei 175 Grad 25 Minuten garen. Reis 18 Minuten in Salzwasser kochen, abtropfen, in Tassen pressen. Auf Platte stürzen. Mit Fisch und Gurkengemüse anrichten. Eigelb mit Speisestärke und Milch verquirlen, zum Fischfond rühren, aufkochen, geschnittenen Dill beifügen, über Fisch geben. Dazu Salate und Salzkartoffeln reichen.

Gefüllte Kabeljaufilets

4 Portionen à 250 Kalorien

4 Scheiben Kabeljaufilet
à 200 g
Salz, Pfeffer
Saft von 1/2 Zitrone
2 grüne Paprikaschoten
1 Zwiebel
15 g Butter
oder Margarine
1/8 l Weißwein
1 Teelöffel Aromat
oder Fondor
1/2 Dose Tomatensaft
1 Teelöffel Worcestersoße

Den Fisch salzen, pfeffern, mit Zitronensaft säuern. Paprika entkernen, in dünne Streifen schneiden, in wenig Salzwasser 3 Minuten dünsten. Flachen Topf mit Fett ausstreichen, gehackte Zwiebeln einstreuen. Fisch, Hautseite nach innen, mit Paprikastreifen füllen, einrollen, im Topf mit Weißwein begießen. Mit Streuwürze bestreuen, gefettetes Pergamentpapier auflegen. 15 Minuten dünsten. Mit Tomatensaft aufkochen, mit Worcestersoße würzen.

Schollenröllchen mit Spargeln

Den Fisch auftauen und die halbierten Spargel in die Schollenfilets einrollen. Ein großes Stück Alufolie (extra stark) einfetten, die Ränder hochstellen, Reis, Wasser, Aromat oder Fondor und die Schollenröllchen hineingeben, mit Zitronensaft beträufeln und leicht salzen. Die Alufolie schließen und in der Backröhre bei 200 Grad ca. 30 Minuten garen. Mit Spargelbrühe, Sahne, Weißwein und Speisestärke eine helle Soße bereiten, Dill dazugeben und die Schollenröllchen damit übergießen.

4 Portionen à 330 Kalorien

1 Paket gefrostete Schollenfilets
1/2 Dose Spargelspitzen
1 Eßlöffel Butter oder Margarine
2 Tassen 5-Minuten-Reis
2 Tassen Wasser
1/2 Teelöffel Aromat oder Fondor
Saft von 1/2 Zitrone, Salz
1/8 l süße Sahne
1/8 l Weißwein
1/2 Eßlöffel Speisestärke
1 Eßlöffel geschnittenen Dill

Schollenröllchen mit Reis

Kaufen Sie Schollenfilets bei Ihrem Fischhändler oder tiefgekühlt aus der Truhe Ihres Kaufmanns. Und denken Sie daran, den gefrorenen Fisch rechtzeitig auftauen zu lassen. – Die Schollenfilets mit Salz und Pfeffer einreiben, mit Zitronensaft beträufeln und mit der Petersilie bestreuen. Dann aufrollen und mit Holzspießchen zusammenhalten. Die Zwiebeln schälen, feinhacken und in einen flachen Topf geben. Margarine hinzufügen, und die Zwiebelwürfel glasigdünsten. Dann Champignons (mit Flüssigkeit!), Weißwein und die Fischröllchen in den Topf geben. Das Gericht aufkochen und bei schwacher Hitze (zugedeckt) etwa 4 Minuten dünsten. Die Schollenröllchen mit einem Sieblöffel herausheben und auf einer vorgewärmten Platte anrichten. Sahne mit Speisestärke und Eigelb verquirlen, in die Soße rühren und einmal aufkochen. Abschmecken und über den angerichteten Fisch gießen.

4 Portionen à 320 Kalorien

600 g Schollenfilets
Salz, Pfeffer
Saft von 1/2 Zitrone
2 Eßlöffel gehackte Petersilie
2 Zwiebeln
2 Eßlöffel Margarine
1 Dose Champignons (500g)
1/8 l Weißwein
1/8 l frische Sahne
1 gestrichener Eßlöffel Speisestärke, 1 Eigelb

Schellfisch mit Senfsoße

4 Portionen à 355 Kalorien

1000 g frischer Schellfisch
1 Eßlöffel Butter
oder Margarine
1 Zwiebel
1 Lorbeerblatt
Pfefferkörner
Pimentkörner
3/8 l Milch
1/8 l saure Sahne
3 Teelöffel Senf
Saft von 1/2 Zitrone
1 Eßlöffel Mehl
2 Teelöffel geriebener
Meerrettich, Salz
1 Prise Zucker

Den Schellfisch waschen, die Flossen entfernen. Ein passendes Gefäß mit Fett ausstreichen, mit Zwiebelscheiben auslegen, Schellfisch hineingeben, mit Pfefferkörner, Piment, Lorbeerblatt und Salz bestreuen, mit 3/8 l heißer Milch auffüllen und zugedeckt ca. 15 Minuten ziehen lassen. Die saure Sahne mit Senf, Zitronensaft, Mehl, Meerrettich, Salz und Zucker verrühren, unter ständigem Rühren zu dem Fisch gießen und 5 Minuten weiter dünsten lassen. Den Fisch anrichten, mit der Soße übergießen, mit Zitronenscheiben garnieren und dazu Petersilienkartoffeln sowie grünen Salat reichen.

Gedünsteter Heilbutt mit Champignons

4 Portionen à 460 Kalorien

4 Scheiben Heilbutt à 250 g
2 Eßlöffel Butter
oder Margarine
1 Zitrone
Salz, Pfeffer
1/2 Dose Champignons
1/8 l Weißwein
1 Dose ganze, vorgekochte
Kartoffeln

Vier Stücke Alufolie (extra stark) einfetten, je eine Scheibe Heilbutt darauflegen, mit Zitronensaft, Salz und Pfeffer würzen und 5 Minuten stehen lassen. Die Ränder der Alufolie hochstellen. Champignons, Weißwein und die abgetropften Kartoffeln zu den Fischscheiben geben und die Folie gut verschließen. Im Freien können die Pakete auf dem Grill oder direkt auf der Holzkohle in ca. 45 Minuten gegart werden, im Backofen bei 250 Grad 25 Minuten. Das Gericht mit Zitronenscheiben und frischer Butter servieren.

Gekochter Kabeljau

4 Portionen à 210 Kalorien

1 Kabeljau (etwa 1000 g
in 4 Portionen geteilt)
Salz, Essig
3/4 l Wasser
1 Zwiebel
1 Zitrone
1 Lorbeerblatt
etwa 1/2 Teelöffel
Senfkörner
5 Pimentkörner

Den Fisch waschen, salzen und mit etwas Essig beträufeln. Einen Fischtopf mit Siebeinsatz oder einen flachen Topf auf den Herd stellen und das Wasser hineingießen. Zwiebel- und Zitronenscheiben, Lorbeerblatt, Senfkörner, Pimentkörner, 1/2 Teelöffel Salz und 1 Schuß Essig hineingeben und alles zusammen 2 Minuten kochen. Dann die Fischstücke hineinlegen und bei schwacher Hitze (zugedeckt!) in etwa 10 Minuten garziehen lassen. Der Fisch ist gar, wenn sich das Fleisch leicht von den Gräten lösen läßt. Dann vorsichtig herausheben und mit Zitronenschnitzen und Petersiliensträußchen anrichten. Dazu Petersilienkartoffeln, Salat und eine passende Soße (Soßen siehe Seite 46–55) servieren.

Goldbarschfilet mit Champignons

4 Portionen à 320 Kalorien

750 g Goldbarschfilet
Salz, Pfeffer
Saft von 1 Zitrone
1 Zwiebel
2 Eßlöffel Butter
oder Margarine
1/4 Dose Champignons
1/8 l Weißwein
1/8 l Milch
1 Päckchen Helle Soße
(für 1/4 l)
1 Eßlöffel gehackte
Petersilie
einige Streifen
Räucherlachs

Das Goldbarschfilet waschen, mit Salz, Pfeffer und Zitronensaft würzen. Die Zwiebel schälen und fein würfeln. Einen flachen Topf mit Butter oder Margarine ausstreichen, die Zwiebelwürfel hineinstreuen und das Goldbarschfilet hineinlegen. Die Champignons (mit Flüssigkeit) und den Weißwein dazugeben und den Fisch zugedeckt etwa 10 bis 12 Minuten dünsten. Das Soßenpulver mit Milch anrühren. Den gedünsteten Fisch anrichten, das Soßenpulver in den Fischfond rühren, einmal aufkochen und abschmecken. Die Fischfilets mit der Soße übergießen und mit gehackter Petersilie und Räucherlachsstreifen bestreuen. Dazu Salzkartoffeln oder Weißbrot und grünen Salat essen.

Schellfisch mit Kapernsoße

Den ausgenommenen Fisch schuppen, waschen und die Flossen abschneiden. Das Wasser mit Salz, Essig und Fischgewürz zum Kochen bringen, den Fisch einlegen und ca. 20 Minuten darin ziehen, aber nicht kochen lassen. 1/4 l Fischbrühe aufkochen, die Milch mit Speisestärke und Eigelb verrühren, in die Fischbrühe geben und unter Rühren nur einmal kurz aufkochen lassen. Die Fischsoße mit Muskat würzen, Butter oder Margarine und die ganzen Kapern unterrühren.

4 Portionen à 320 Kalorien

Ca. 1000 g Schellfisch
2 l Wasser
3 Teelöffel Salz
3 Eßlöffel Essig
2 Teelöffel Fischgewürz
1/4 l Milch
3 gestrichene Eßlöffel Speisestärke
1 Eigelb, Muskat
1 Eßlöffel Butter oder Margarine
1 Eßlöffel Kapern

Gedünsteter Heilbutt

Den Heilbutt nach Vorschrift auftauen lassen. Die Zwiebel schälen, in Scheiben schneiden und mit Lorbeerblatt, Pfefferkörnern, Weißwein und Salz in einen großen flachen Topf geben. Die Tomaten kreuzweise einschneiden, in den Topf setzen und 5 Minuten kochen. Dann die Fischscheiben hineinlegen und 10 Minuten zugedeckt ziehen lassen. Inzwischen das Soßenpulver mit Milch oder frischer Sahne und Eigelb verrühren. Die abgetropften Fischscheiben und die Tomaten auf eine Platte legen. Soßenpulver mit Milch und Eigelb verquirlen, in den Fischsud rühren und einmal aufkochen. Die Soße durchseihen und den geschnittenen Dill hineingeben. Dann abschmecken und über den Fisch gießen. Dazu Reis, Brot oder Kartoffeln und leichten Weißwein servieren.

4 Portionen à 350 Kalorien

4 Scheiben tiefgekühlter Heilbutt à 200 g
1 Zwiebel
1 Lorbeerblatt
1 Teelöffel weiße Pfefferkörner
1/4 l Weißwein
1/2 gestrichener Teelöffel Salz
4 Tomaten
1 Päckchen Helle Soße (für 1/4 l)
1/8 l Milch oder frische Sahne
1 Eigelb
1/2 Bund Dill

Silvester-Karpfen
auf ungarische Art

4 Portionen à 590 Kalorien

1 Karpfen, etwa 1200 g
Saft 1 Zitrone, Salz
150 g durchwachsener
Räucherspeck
2 Zwiebeln
1/8 l Fleischbrühe
schwarzer, gem. Pfeffer
1/4 l saure Sahne
1 Eßlöffel Edelsüß-
Paprika

Karpfen ausnehmen, waschen, innen und außen mit Zitronensaft beträufeln und salzen. Räucherspeck in Streifen, Zwiebeln in Würfel schneiden. Speck in Bratentopf anbraten, Zwiebeln gelb werden lassen und Karpfen einsetzen. Fleischbrühe zugießen, Fisch pfeffern. Zugedeckt im Backofen bei 180 Grad 30 Minuten garen. Danach Deckel vom Topf nehmen. Sahne mit Paprika verrühren, unter die Soße mischen und den Fisch mit der Soße einige Male übergießen, noch 10 Minuten braten. Mit gerösteten Kartoffeln servieren.

Echter Salm
mit Holländischer Soße

4 Portionen à 615 Kalorien

4 Scheiben echter Salm
à 175 bis 200 g
(frisch oder tiefgekühlt)
1 l Wasser
1 Eßlöffel Salz
1 Teelöffel weiße
Pfefferkörner
1 Lorbeerblatt, 1 Zwiebel
1 Päckchen weiße Soße
für 1/4 Liter
1/8 l Weißwein
75 g Butter, 2 Eigelb

Wasser mit Salz, Pfefferkörnern, Lorbeerblatt und Zwiebelscheiben 5 Minuten kochen, die Fischscheiben hineinlegen und 8 bis 10 Minuten ziehen lassen, nicht kochen. Der Salm ist gar, wenn sich die Gräten leicht herausziehen lassen. Soßenpulver mit Weißwein verrühren, unter ständigem Rühren aufkochen, von der Herdplatte nehmen und die Butter darin schmelzen lassen. Eigelb und 4 Eßlöffel heißen Fischsud in eine hohe Rührschüssel geben und schaumig schlagen. Die Soße darin verrühren, mit dem Salm anrichten und dazu Petersilienkartoffeln und einen süß-sauren Gurkensalat servieren (Soße s. auch Hollandaise Seite 54).

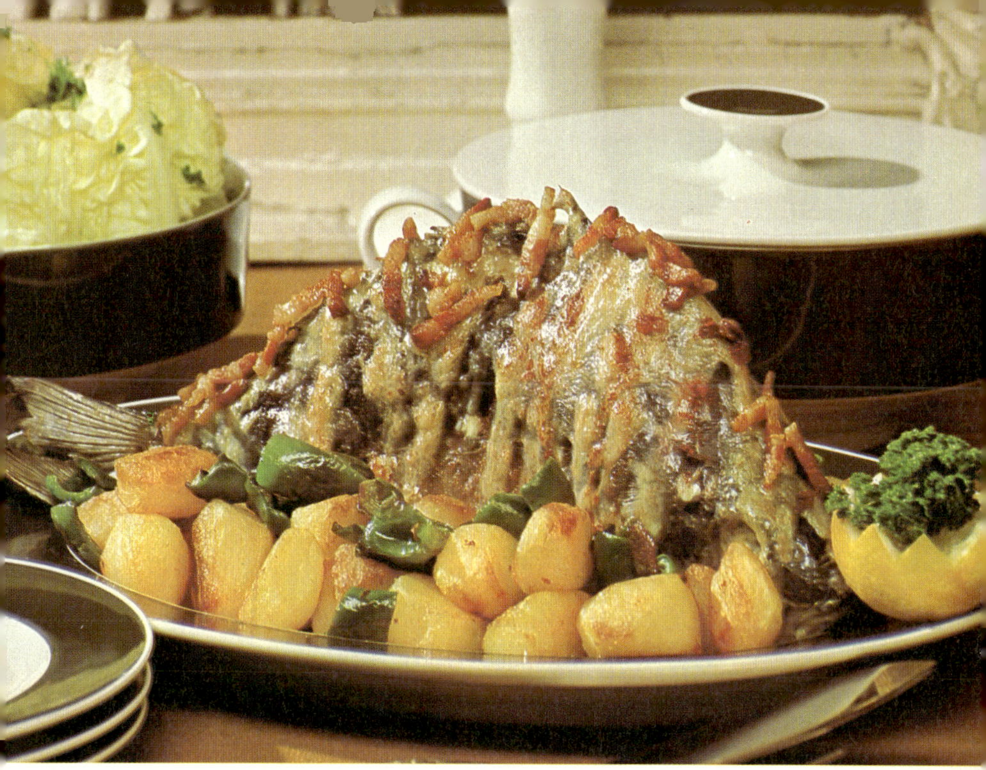

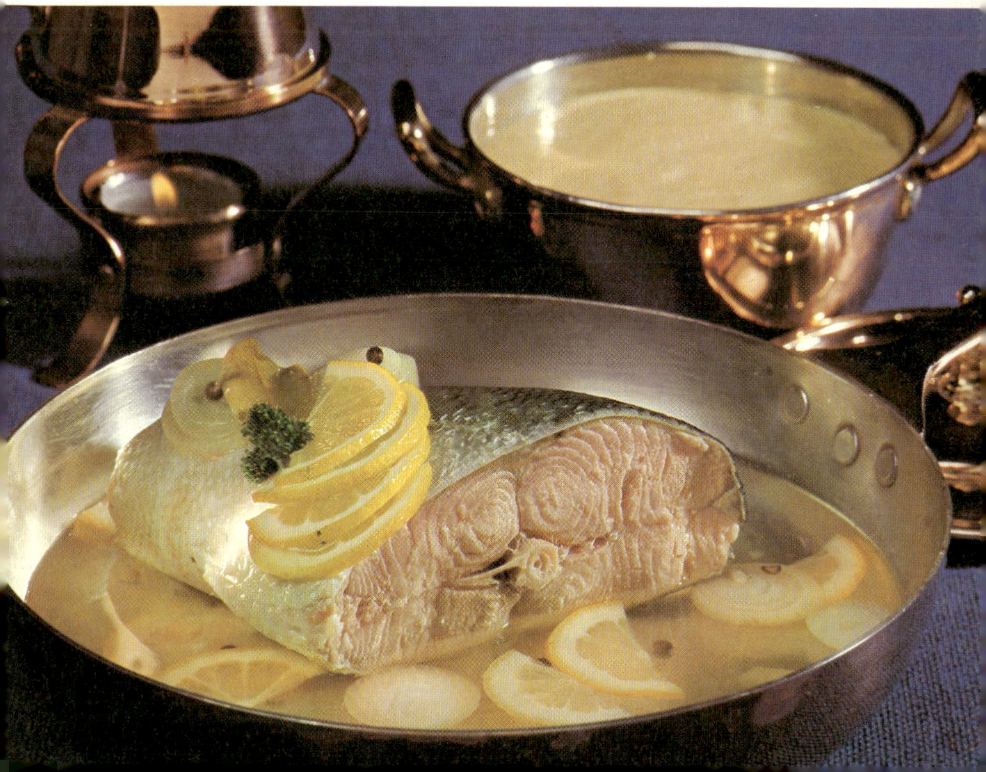

Kabeljauragout mit Curry

4 Portionen à 370 Kalorien

750 g Kabeljaufilet, Salz
Saft von 1/2 Zitrone
2 Zwiebeln
2 Äpfel, 2 Bananen
1 Eßlöffel Margarine
2 Teelöffel Curry
3/8 l Fleischbrühe
1/8 l saure Sahne
2 gestrichene Teelöffel
Speisestärke

Den Fisch waschen, in 3 cm große Würfel schneiden, salzen, mit Zitronensaft beträufeln und 5 bis 10 Minuten liegen lassen. Zwiebeln schälen und fein würfeln. Die Äpfel schälen, vierteln, entkernen und fein reiben. Die geschälten Bananen in Scheiben schneiden. Margarine in einem flachen Topf zerlassen und die Zwiebelwürfel darin gelb dünsten. Curry dazurühren, Äpfel und Bananen hineingeben und 2 Minuten zugedeckt dünsten. Die Fleischbrühe hinzugießen und aufkochen. Nun den Fisch dazugeben und zugedeckt gar dünsten. Sahne mit Speisestärke verquirlen, in die Soße rühren und aufkochen.

Gefüllte Rotbarschschnitten auf „Helgoländer Art"

4 Portionen à 480 Kalorien

1000 g Rotbarschfilet
Saft von 1 Zitrone
Salz, Pfeffer
1/2 Teelöffel Thymian
1 Zwiebel
1 Eßlöffel Butter
1/1 Dose geschälte Tomaten
4 Scheiben Räucherspeck
1 Scheibe Toastbrot
1 Ei, Muskat
1 Bund Petersilie
2 Eßlöffel süße Sahne

Fischfilet waschen, mit Zitronensaft beträufeln, salzen, pfeffern und mit Thymian würzen. 15 Minuten stehen lassen. Zwiebel schälen, hacken, in Butter gelb werden lassen. Tomaten mit Saft zugeben und 10 Minuten kochen. 4 schöne Stücke aus dem Fischfilet schneiden, mit Speckscheiben umstellen und mit Holzspießchen feststecken. Restliches Fischfilet mit Brot und gewaschener Petersilie durch den Fleischwolf drehen. Mit Ei, Sahne und Muskat gut verrühren. Masse auf die Rotbarschfilets streichen. Tomatensoße in eine Auflaufform gießen, Fischschnitten einsetzen und bei 180 Grad im Backofen 35 Minuten dünsten. Mit Kartoffelpüree und Salaten servieren.

Gekochter Heilbutt
mit Meerrettich-Sahne

Den Heilbutt wie vorgeschrieben auftauen lassen. Zwiebel und Möhre schälen, in Scheiben schneiden, mit 1/2 l Wasser aufsetzen. Pfefferkörner, Petersilie, Lorbeerblatt und Salz dazugeben und alles 5 Minuten kochen. Dann durch ein Sieb in einen Fischkessel gießen, die Milch dazugeben, aufkochen und die Fischscheiben hineinlegen. 10 Minuten darin ziehen, aber nicht kochen lassen. Sahne-Meerrettich (Seite 48) in ausgehöhlte Zitronenhälften oder in Kopfsalatblätter füllen. Zum Heilbutt anrichten und dazu Brot oder Salzkartoffeln, frischen Salat und kühlen Weißwein reichen.

4 Portionen à 260 Kalorien

4 Scheiben tiefgekühlter Heilbutt à 200 g
1 Zwiebel, 1 Möhre
1 Teelöffel weiße Pfefferkörner
1/2 Bund Petersilie
1 Lorbeerblatt
1 gestrichener Teelöffel Salz, 1/4 l Milch

Pflückfisch

Das gewaschene Kabeljaufilet und die geschälten Kartoffeln in 2 cm große Würfel schneiden. Das Fett zerlassen, Zwiebelwürfel darin gelb dünsten, die Kartoffeln, Lorbeerblätter, Salz, Pfeffer und das Wasser zugeben und 15 Minuten kochen lassen. Fischfilet danach auf die Kartoffeln geben, Weißwein zugießen und weitere 10 Minuten dünsten. Das Mehl in dem zerlassenen Fett gelb werden lassen, Milch und die Flüssigkeit von den Kartoffeln und dem Fisch zugeben, unter Rühren aufkochen und 5 Minuten weiterkochen. Die Soße zuletzt mit Zitronensaft, Senf, Salz und Pfeffer pikant abschmecken, über Kartoffeln und Fisch geben, anrichten und mit gehackter Petersilie bestreuen. Nach Belieben können verschiedene Salate dazu gereicht werden.

4 Portionen à 525 Kalorien

750 g Kabeljaufilet
1000 g Kartoffeln
1 Eßlöffel Butter oder Margarine
2 Zwiebeln
2 Lorbeerblätter
Salz, Pfeffer
3/8 l Wasser
1/8 l Weißwein
1/8 l Milch
1 Eßlöffel Butter oder Margarine
2 Eßlöffel Mehl
Saft 1/2 Zitrone
1 Teelöffel Senf

Gedünstete Kräuterforellen

4 Portionen à 220 Kalorien

4 Stück Tieffrost-Forellen
1/8 l Wasser
1/8 l Weißwein
1 Eßlöffel Butter
oder Margarine
1/2 Teelöffel Aromat
oder Fondor
1 Eßlöffel gehackte
Kräuter (Dill, Kerbel
Schnittlauch, Petersilie
Estragon einzeln
oder gemischt)
1 Zitrone

Die Forellen etwas auftauen lassen und die Flossen und Schwanzspitzen abschneiden. Wasser, Weißwein, Fett, Aromat oder Fondor und Kräuter aufkochen, die Forellen nebeneinander einlegen und zugedeckt ca. 10 Minuten leicht dünsten. Die Forellen anrichten und mit rohen, mit dem Buntmesser in Scheiben geschnittenen und in Salzwasser gekochten Kartoffeln servieren. Dazu reicht man Zitronenscheiben und – nach Geschmack – frische, schaumig gerührte oder zerlassene Butter. Die Forellen können auch in einer hellen Soße bereitet werden. Hierzu wird die Fisch-Dünstbrühe mit süßer Sahne, mit Speisestärke verrührt, gebunden.

Seelachsfilet in Alufolie vom Holzkohlengrill

4 Portionen à 490 Kalorien

1000 g Seelachsfilet
2 Eßlöffel Butter
oder Margarine
1 Zitrone, Salz, Pfeffer
1/2 Glas Mixed Pickles
1 Eßlöffel gehackte
Kräuter (Dill, Kerbel
Petersilie, Schnittlauch
Estragon nach Wunsch)
Schaschlik oder
Paprikasoße (im
Handel erhältlich)
Pariser Stangenbrot
Pflanzenöl
2–3 Knoblauchzehen

Das Filet in ca. 2 cm dicke, schräge Scheiben schneiden und auf vier gefettete Stücke Alufolie verteilen, mit Zitronensaft, Salz und Pfeffer würzen. Mixed Pickles und Kräuter zu dem Fisch geben, die Folie gut verschließen und auf dem Holzkohlengrill in ca. 45 Minuten garen. Den Fisch zuletzt mit der Schaschlik- oder Paprikasoße übergießen. Dazu werden auf dem Grill geröstete Brotscheiben gereicht. Das Brot vor dem Grillen mit Öl beträufeln und zuletzt mit einer Knoblauchzehe einreiben.

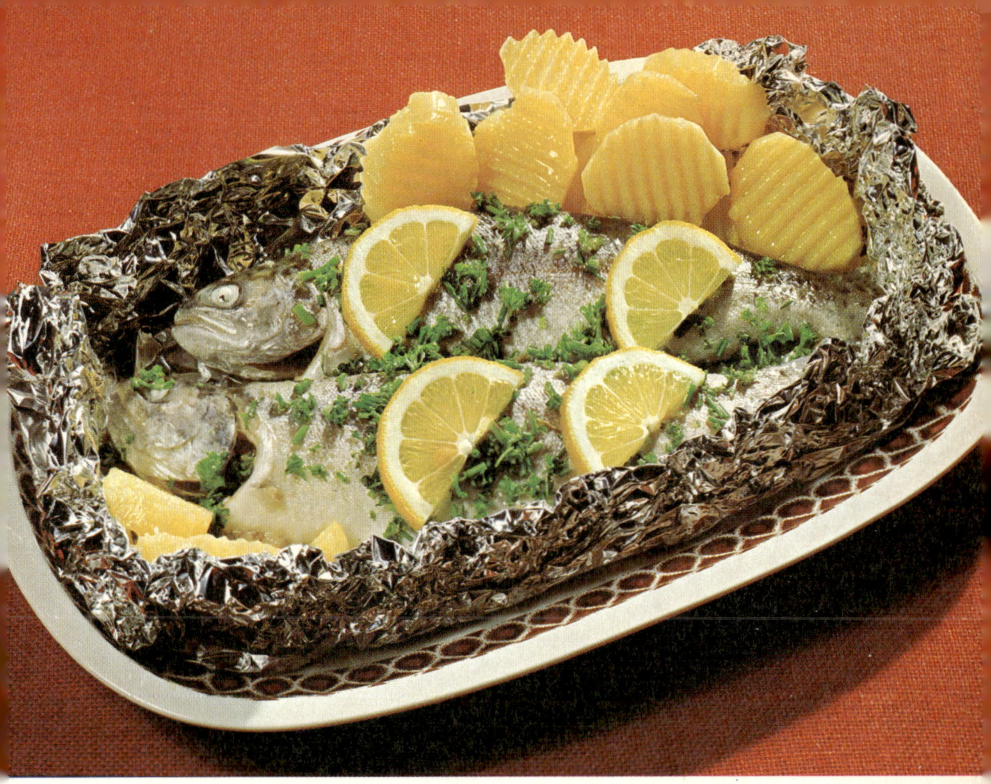

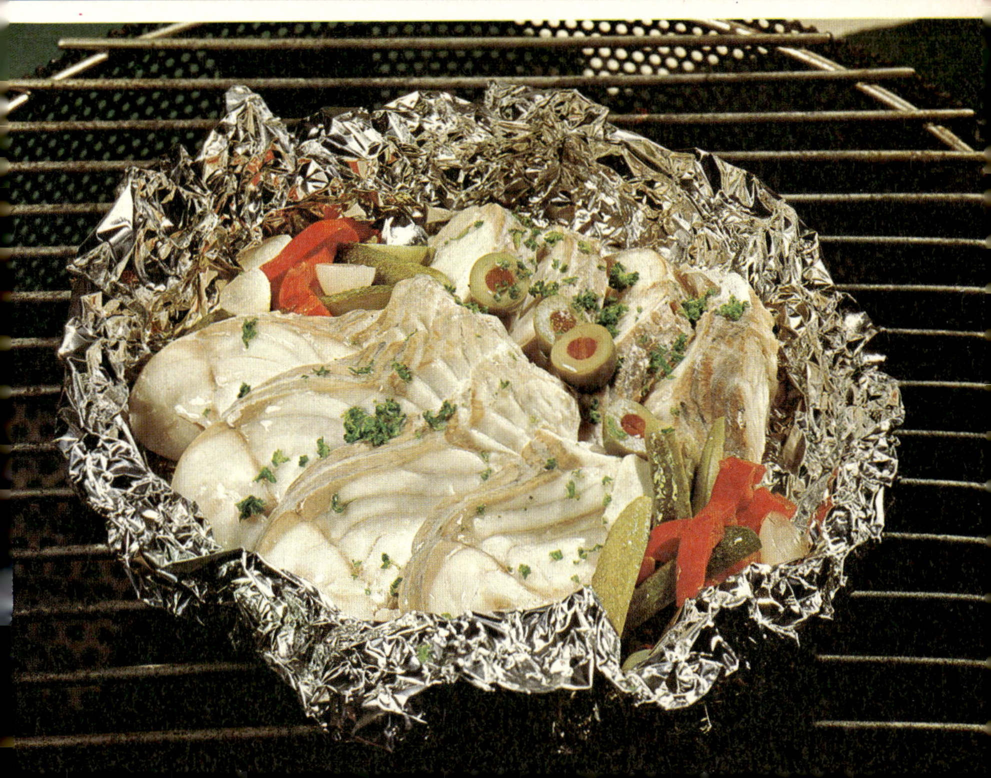

Heringsfilets in Burgundersoße

4 Portionen à 330 Kalorien

2 Dosen Heringsfilets
in Burgundersoße
2 Zwiebeln
1 Eßlöffel Butter
oder Margarine
1 Eßlöffel gehackte
Petersilie
1/8 l ausländischer Rotwein
1 Teelöffel Instant-
Bratensoße
1/1-Dose Kartoffeln
75 g geriebener Käse

Die Zwiebeln schälen, fein würfeln und in Butter oder Margarine gelb dünsten. Petersilie und Rotwein hinzufügen, aufkochen und die Bratensoße dazurühren. Die Heringsfilets in Burgundersoße hinzufügen und erwärmen. Die Kartoffeln aus der Dose abgießen, in Scheiben schneiden und in eine feuerfeste Form geben. Mit geriebenem Käse (etwa die Hälfte) bestreuen, den Fisch darauflegen, die Soße darübergießen und mit dem restlichen Käse überstreuen. Bei 225 Grad in den vorgeheizten Backofen stellen und in etwa 10 Minuten goldgelb werden lassen. Mit grünen Bohnen essen.

Heringsfilets auf Curryreis

4 Portionen à 425 Kalorien

2 Dosen Heringsfilets
in Currysoße
2 Zwiebeln
2 Bananen
1 Eßlöffel Butter
oder Margarine
1 Teelöffel Curry
1 1/2 Tassen Reis
3 Tassen Hühnerbrühe
(Würfel)
1/2 Lorbeerblatt
1/8 l saure Sahne
3 bis 4 Scheiben Käse

Zwiebeln und Bananen schälen, Zwiebeln in feine Würfel und Bananen in 1/2 cm dicke Scheiben schneiden. Die Zwiebeln und Butter oder Margarine in einen Topf geben und dünsten, bis die Zwiebeln gelb sind. Dann die Bananen dazugeben, kurz anbraten und mit Curry bestäuben. Den Reis dazurühren, heiße Hühnerbrühe dazugießen, das Lorbeerblatt hinzufügen und das Gericht zugedeckt auf kleiner Flamme etwa 20 Minuten garen. Dabei nicht rühren. Die Heringsfilets mit der Currysoße auf dem Reis verteilen, mit saurer Sahne beträufeln und mit Käsescheiben zudecken. Bei 225 Grad überbacken, bis der Käse zu schmelzen beginnt. Vielleicht noch mit etwas Curry bestreuen und zu Gemüsesalat aus grünen Erbsen, gedünstetem Blumenkohl und gekochten Möhren servieren.

Marstrands Hering

Die Heringe schuppen, ausnehmen, waschen und in Filets teilen, die Zwiebeln in Scheiben schneiden, mit dem Fett, 1 Prise Salz und 1/2 Tasse Wasser 5 Minuten kochen lassen, die Heringe in ein flaches Gefäß einsetzen, mit den Zwiebeln belegen, mit Zitronensaft beträufeln, zerdrückte Nelken und das etwas zerteilte Lorbeerblatt zugeben, aufkochen, die saure Sahne beifügen und zugedeckt ca. 12 Minuten leicht kochen lassen. Zuletzt einen Bund feingeschnittenen Dill untermischen. Kartoffelpüree oder Salzkartoffeln dazu reichen.

4 Portionen à 390 Kalorien

6 grüne Heringe
3–4 Zwiebeln
1 Eßlöffel Butter
oder Margarine, Salz
Saft 1/2 Zitrone
3–4 Nelken
1 Lorbeerblatt
1/4 l saure Sahne

Heringsfilets auf Spaghetti

Spaghetti und Salbeiblätter in reichlich kochendes Salzwasser geben und etwa 8 bis 10 Minuten kochen. Dann auf ein Sieb schütten, heiß überbrausen und abtropfen lassen. Die Essiggurken in Scheibchen schneiden, in eine flache Pfanne geben, die Sahne dazugießen und erhitzen. Die Heringsfilets mit der Tomatensoße zugeben und auch erhitzen. Mit Pfeffer, Kräutern und Knoblauchpulver würzen und eventuell noch mit Salz abschmecken. Die Spaghetti in eine feuerfeste Form geben, die Heringsfilets daraufllegen, mit der Soße übergießen und mit geriebenem Käse bestreuen. In den heißen Backofen stellen und kurz überbacken. Zu Endiviensalat und Salat aus grünen Bohnen servieren.

4 Portionen à 650 Kalorien

2 Dosen Heringsfilets
in Tomatensoße
250 g Spaghetti
3 Salbeiblätter, Salz
4 Essiggurken
1/4 l frische Sahne
schwarzer Pfeffer
1 Teelöffel Fines Herbes
(Kräutermischung)
etwas Knoblauchpulver
75 g geriebener Käse

Aal grün

4 Portionen à 620 Kalorien

800 g Aal
Salz, Pfeffer, 1 Zwiebel
2 Eßlöffel Butter
1/4 l Weißwein
1/4 l Fleischbrühe
1 Tasse Sahne
2 Teelöffel Butter
2 Teelöffel Mehl
1/2 Zitrone
gehackte Kräuter
nach Belieben, wie Kerbel
Dill, Estragon, Melisse
Pimpernell, Sauerampfer
Salbei, Schnittlauch

Den abgezogenen, ausgenommenen Aal in 10 cm lange Stücke schneiden, gut waschen, salzen und pfeffern. Zwiebelwürfel in Butter kurz andünsten, den Aal zugeben, kurz weiterdünsten, mit Weißwein und Fleischbrühe auffüllen, langsam gardünsten lassen und die Sahne zugeben. Die Soße mit der Mehlbutter (Mehl und Butter verknetet) binden, mit Zitronensaft und Salz abschmecken und zuletzt mit den feingehackten Kräutern vollenden. Dazu reicht man Salzkartoffeln.

Goldbarschfilet „Bonne Femme"

4 Portionen à 325 Kalorien

1000 g Goldbarschfilet
1 Zwiebel
1 kleiner Bund Dill
125 g frische Champignons
1 Eßlöffel Margarine
Saft von 1 Zitrone
Salz, Pfeffer
1/8 l Weißwein
1/8 l Milch
1 Päckchen Helle Soße
für 1/4 l, Worcestersoße

Das Goldbarschfilet waschen und in Portionsstücke schneiden. Die Zwiebel schälen und hacken, Dill waschen und fein schneiden. Die Champignons putzen, waschen und in Scheiben schneiden. Einen flachen Topf mit Margarine ausstreichen, die Zwiebelwürfel hineinstreuen und das Fischfilet darauflegen. Mit Dill und Champignons bestreuen, mit Zitronensaft betropfen, salzen und pfeffern. 5 Minuten durchziehen lassen, dann Weißwein darübergießen und den Fisch zugedeckt 15 Minuten dünsten, danach herausheben und anrichten. Schnell Milch und Soßenpulver miteinander verquirlen, dazurühren und aufkochen. Mit Worcestersoße abschmecken. Die Soße über den Fisch geben.

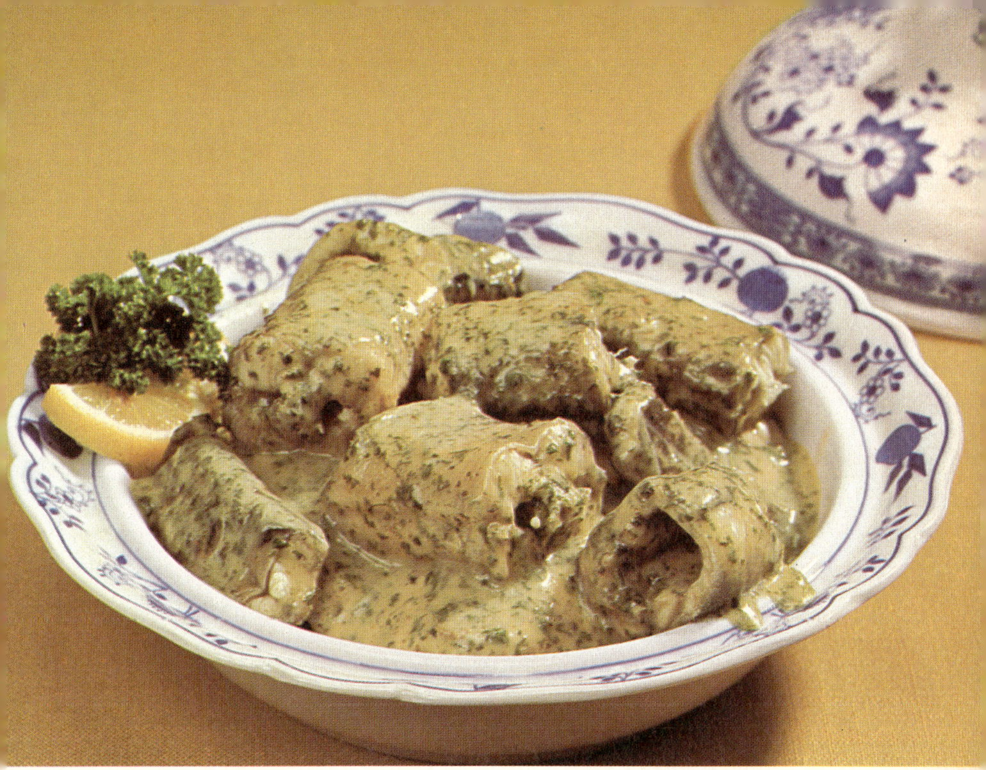

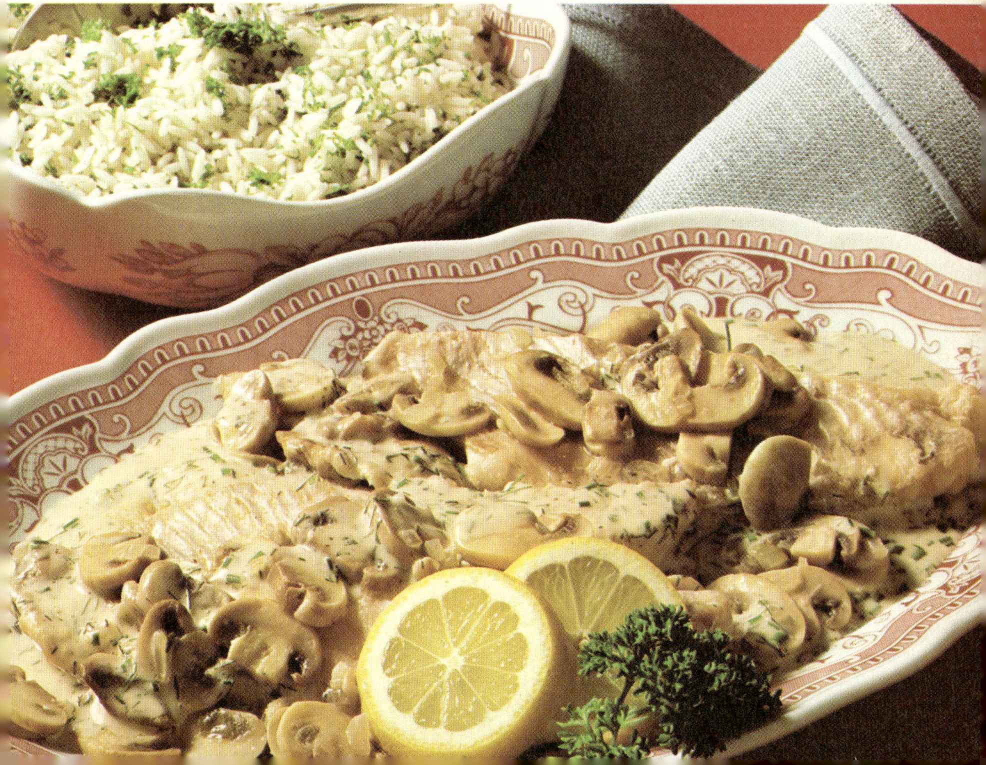

Eier mit Krabbensoße

4 Portionen à 310 Kalorien

8 Eier
1 Päckchen Helle Soße
für 1/4 l
1/8 l Milch, 1 Zwiebel
1 Eßlöffel Butter
oder Margarine
1/8 l Weißwein
1/4 Dose Krabben
oder Shrimp (200 g)
1 Bund frischer Dill oder
1 gestrichener Eßlöffel
getrockneter Dill

Die Eier in warmes Wasser legen, zum Kochen bringen, 4 bis 5 Minuten kochen und kalt abschrecken. Inzwischen das Soßenpulver mit 1/8 l Milch verrühren. Die Zwiebel schälen und fein hacken. Butter oder Margarine in eine Kasserolle geben und die Zwiebel darin gelblich dünsten. Den Weißwein hinzufügen und 3–4 Minuten kochen. Dann das Soßenpulver dazurühren und einmal aufkochen lassen. Die Krabben aus der Dose hineingeben, den Dill hinzufügen und die Soße jetzt nicht mehr kochen. Dazu die halbweich gekochten Eier essen, die halbiert zu der Soße und getoastetem Weißbrot angerichtet werden. Außerdem frischen Salat.

Karpfen blau
mit Sahne-Meerrettich

4 Portionen à 340 Kalorien

1 Karpfen, ca. 1500 g
1/4 l herber Weißwein
1 Teelöffel weiße
Pfefferkörner
1 Teelöffel Salz

Den Karpfen am besten vom Fischhändler zurechtmachen und in Portionsstücke zerteilen lassen. Etwa 1/2 l Wasser in den Fischtopf geben, dazu Weißwein, Pfefferkörner und Salz. Aufkochen, den Karpfen hineinlegen, zudecken und in etwa 15 Minuten gar ziehen lassen. Den fertigen Karpfen mit einer Siebkelle aus dem Fischsud heben, gut abtropfen lassen und auf eine vorgewärmte Platte legen. Mit Zitronenschnitzen garnieren und dazu Sahne-Meerrettich (Seite 48), kleine Petersilienkartoffeln und grünen Salat in Zitronenmarinade servieren.

Hechtklößchen

Den Hecht enthäuten, entgräten, das Fleisch in Streifen schneiden, salzen und zweimal durch die feinste Scheibe des Fleischwolfes drehen. Das Hechtfleisch mit Pfeffer würzen, mit der gut gekühlten Sahne nach und nach zu einer gut gebundenen Masse rühren und kalt stellen. Von der Hechthaut, den Gräten, Zwiebel- und Zitronenscheiben sowie 3/8 l Flüssigkeit in 15 Minuten eine Brühe kochen, diese durchseihen und die mit 2 Eßlöffel aus dem Hechtfleisch geformten länglichen Klöße in dieser Brühe ca. 10 Minuten ziehen, aber nicht kochen lassen, danach herausnehmen. Die Champignons waschen, grob hacken und in einer großen Pfanne mit der Butter und etwas Salz trocken eindünsten lassen (die Champignons dürfen sich dunkel verfärben). Die Champignons in einer feuerfesten Form anrichten, darauf die Hechtklößchen legen. Die Fischbrühe auf 1/8 l einkochen, das Soßenpulver, mit etwas Weißwein verrührt, in die Brühe geben, aufkochen lassen, vom Feuer nehmen und zuletzt die in kleine Stücke geschnittene Butter unterrühren. Das Eigelb mit etwas Weißwein in heißem Wasserbad cremig schlagen, unter die Fischsoße geben. Die Hechtklöße mit dieser Soße übergießen, mit Käse bestreuen und unter dem heißen Grill kurz überbacken.

4 Portionen à 560 Kalorien

400 g Hecht, Salz
1/8 l süße Sahne
weißer Pfeffer
1 Zwiebel, 1 Zitrone
200 g frische Champignons
1 Eßlöffel Butter
1 Päckchen Helle Soße
für 1/4 l Flüssigkeit
1/8 l Weißwein
3 Eigelb, 125 g Butter
1 Eßlöffel geriebener Käse

Stockfisch mit Zwiebelbutter

4 Portionen à 690 Kalorien

1000 g gewässerter
Stockfisch
3/4 l Salzwasser
1/4 l Milch
3 Zwiebeln
3 Eßlöffel Butter

Den Stockfisch in einen Topf mit kaltem Salzwasser legen, aufkochen und die Milch dazugießen. Den Fisch 20 Minuten ziehen – nicht kochen – lassen. Inzwischen Zwiebeln schälen, fein würfeln und in Butter goldgelb dünsten. Den gegarten Stockfisch mit einer Siebkelle vorsichtig aus dem Topf heben und entgräten, ohne die Stücke sehr zu zerkleinern. Den Fisch auf einer heißen Platte anrichten und mit der Zwiebelbutter übergießen. Dazu Petersilienkartoffeln und grünen oder Gurkensalat servieren.

Schollenfilets in Zitronensoße

4 Portionen à 230 Kalorien

2 Pakete Schollenfilets
(Tiefkühlware)
1 Tasse Wasser
1/8 l Weißwein
1 Karotte, 1 Zwiebel
1 Lorbeerblatt
etwas Petersilie
2–3 Pimentkörner
1 Eßlöffel Butter
oder Margarine
2 Eßlöffel Mehl
1 Tasse Milch
Salz, Pfeffer
Saft und Schale von
1 Zitrone
1/8 l saure Sahne
1 Eigelb

Wasser und Weißwein mit Karotten- und Zwiebelscheiben, Lorbeerblatt, Petersilie, Pimentkörnern oder Pfefferkörnern und 1 Nelke 10 Minuten kochen. Danach durchseihen und die tiefgefrosteten Schollenfilets 5 Minuten darin ziehen lassen.
Zitronensoße: Mehl in Fett hell schwitzen, kalte Milch und heiße Fischbrühe zugießen, mit Salz und Pfeffer würzen, Zitronensaft beifügen und ca. 5 Minuten kochen lassen. Sahne mit Eigelb und geriebener Zitronenschale vermischen, die Soße damit binden, einmal aufkochen und über die angerichteten Schollenfilets geben. Als Beilagen Reis, Kartoffeln und beliebige Salate reichen.

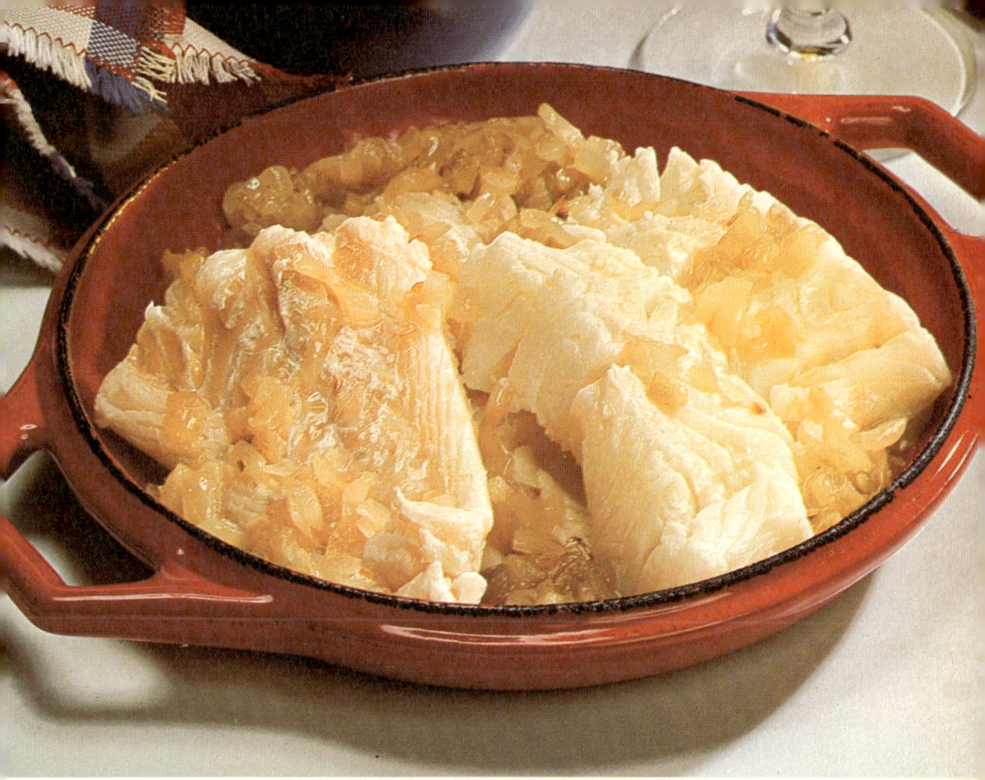

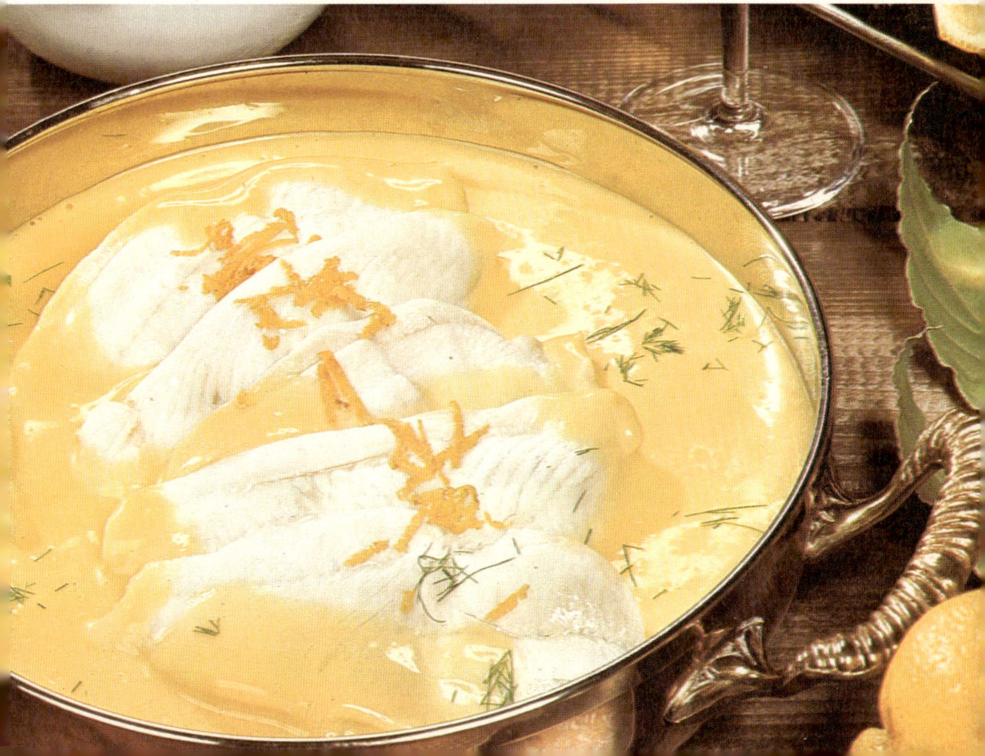

Forellen blau

4 Portionen à 340 Kalorien

4 Forellen
100–150 g Butter
Zitrone

Frisch geschlachtete und ausgenommene Forellen kurz unter fließendem kaltem Wasser abspülen, in kochendem Salzwasser mit einem Spritzer Essig 6–8 Minuten ziehen lassen. Forellen anrichten, zerlassene oder schaumig gerührte Butter, frische Petersilienkartoffeln und Zitronenspalten dazureichen.

Tip: Beim Schlachten und Ausnehmen der Forellen muß darauf geachtet werden, daß der Schleim, welcher an der Haut haftet, möglichst unbeschädigt bleibt, er bewirkt die Blaufärbung. Frische Fische reißen in heißem Wasser etwas auf. Das Begießen der Forellen mit heißem Essig ist nicht nötig, da die Blaufärbung bereits durch das Einlegen in kochendheißes Wasser geschieht.

Forellen auf „Bozner Art"

4 Portionen à 290 Kalorien

4 frische ausgenommene
Forellen
Salz, Pfeffer, 2 Zwiebeln
1 Eßlöffel Margarine
Saft 1 Zitrone
1/8 l Weißwein
2 Eßlöffel süße Sahne
1 Eigelb, 2 Essiggurken
1/2 Bund Petersilie
1 Eßlöffel Kapern
4 Sardellenfilets

Die ausgenommenen Forellen waschen, die Flossen sorgfältig abschneiden, mit Salz und Pfeffer würzen. Die Zwiebeln schälen und fein würfeln oder in dünne Ringe schneiden, eine flache feuerfeste Schüssel mit Margarine bestreichen, Zwiebelwürfel oder -ringe einstreuen und die Forellen darauflegen. Mit Zitronensaft und herbem Weißwein begießen. Alufolie darauflegen und im Backofen bei 180 Grad 30 Minuten dünsten. Sahne und Eigelb gut verquirlen und die Forellenbrühe damit binden. Dann mit gehackter Gurke und Petersilie bestreuen und mit Kapern und Sardellenfilets garnieren. Als Beilagen Salzkartoffeln servieren. Ein Tip: Verwenden Sie eine hübsche feuerfeste Form, in der Sie die Forellen gleich auf den Tisch bringen, damit sie nichts an Aroma einbüßen.

Aal in Biersoße

Den Aal in 5 cm lange Stücke schneiden, in dem Fett Zwiebelwürfel hell anschwitzen, den Aal zugeben und etwas weiterdünsten lassen. Mit Bier auffüllen, mit Pfeffer, Salz und Salbei würzen und zugedeckt 10 Minuten dünsten lassen. Das Soßenpulver mit ganz wenig kaltem Bier anrühren, von dem heißen Fischsud dazurühren und diese Mischung mit dem Aal verkochen lassen. Die Soße zuletzt mit etwas Zitronensaft pikant abschmecken, als Beilagen dazu Petersilienkartoffeln reichen.

4 Portionen à 750 Kalorien

Ca. 1000 g Aal
(vom Fischhändler bereits getötet, abgezogen und ausgenommen)
1 Eßlöffel Butter
oder Margarine
2 Zwiebeln
3/8 l dunkles Bier
Pfeffer, Salz
1/2 Teelöffel Salbei
1 Beutel oder Päckchen Bratensoße
Zitronensaft

Angelschellfisch, gekocht

Aus dem Kopf des Schellfisches die Kiemen herausschneiden, den Fisch schuppen, die Flossen abschneiden, waschen, die Seiten in Abständen von 3 bis 4 cm bis zur Mittelgräte einschneiden und Kopf und Schwanz zusammenbinden. Das Wasser erhitzen, Essig, Salz, das in Scheiben geschnittene Gemüse und die Gewürze zugeben, 10 Minuten kochen lassen, den Schellfisch einlegen und in ca. 20 Minuten darin gar ziehen lassen. Den Fisch auf einer Platte anrichten und mit Zwiebelbutter (Seite 47) übergießen.

4 Portionen à 340 Kalorien

1 Schellfisch (mit Kopf ca. 1000 g, ausnehmen)
1 1/2 l Wasser
3 Eßlöffel Essig
2 Teelöffel Salz
1 Karotte, etwas Sellerie
1 Zwiebel, 1 Tomate
etwas Lauch
1/2 Lorbeerblatt
einige Pfefferkörner

Hecht mit Sardellen

4 Portionen à 170 Kalorien

1000 g frischer Hecht
1 Zitrone
Aromat oder Fondor
Pfeffer, Salz
2 Eßlöffel Butter
oder Margarine
6 bis 8 Sardellen
1/2 Eßlöffel Kapern

Hecht schuppen, waschen, in Portionsstücke schneiden. Mit Zitrone beträufeln, würzen, salzen und in Fett ca. 30 Minuten braten, anrichten, mit Sardellen belegen, mit Kapern bestreuen und mit heißem Fett übergießen.

Kabeljaustreifen

4 Portionen à 190 Kalorien

375 g Kabeljau
Saft 1/2 Zitrone
Salz, Pfeffer, etwas Mehl
1 Eßlöffel Butter
oder Margarine
2 Zwiebeln
1 Zehe Knoblauch
2 grüne Paprikaschoten
2 Eßlöffel Tomatenketchup
1/8 l Weißwein

Kabeljau entgräten, in 1–2 cm große Würfel schneiden. Mit Zitronensaft beträufeln, 5 Minuten ziehen lassen, danach mit Salz und Pfeffer würzen und in Mehl wenden. Das Fett erhitzen, die Kabeljauwürfel 2–3 Minuten anbraten, herausnehmen. In dem Bratenfett Zwiebelstreifen hell anschwitzen, zerdrückten Knoblauch zugeben und die ebenfalls in Streifen geschnittenen Paprikaschoten. Danach 2–3 Minuten dünsten lassen, Tomatenketchup und Weißwein beifügen, durchkochen, eventuell mit etwas kalt angerührter Speisestärke binden und zuletzt die Kabeljauwürfel untermischen. Mit Salz und Pfeffer und nach Belieben dann noch mit etwas Zitronensaft abschmekken (auf unterem Foto links).

Goldbarschstreifen mit Krabben

4 Portionen à 280 Kalorien

375 g Goldbarschfilet
Salz, Pfeffer, etwas Mehl
1 Eßlöffel Butter
oder Margarine
1 Zwiebel
1/4 Dose Champignons
1/4 Dose Krabben
1/2 Dose kleine Kartoffeln
Saft 1/2 Zitrone
1 Eßlöffel gehackte
Petersilie

Das Filet waschen, abtrocknen, in Streifen schneiden, würzen, in Mehl wenden. Fett in einer Pfanne erhitzen, die Fischstreifen goldbraun anbraten und herausnehmen. Zwiebelwürfel in dem Fett hell anschwitzen, Champignons, Krabben und die gut abgetropften Kartoffeln zugeben und 3–4 Minuten erhitzen, danach das Goldbarschfilet wieder beifügen, mit Zitronensaft beträufeln, vorsichtig einige Male umrühren und frische gehackte Petersilie untermischen.
(Auf unterem Foto rechts)

84

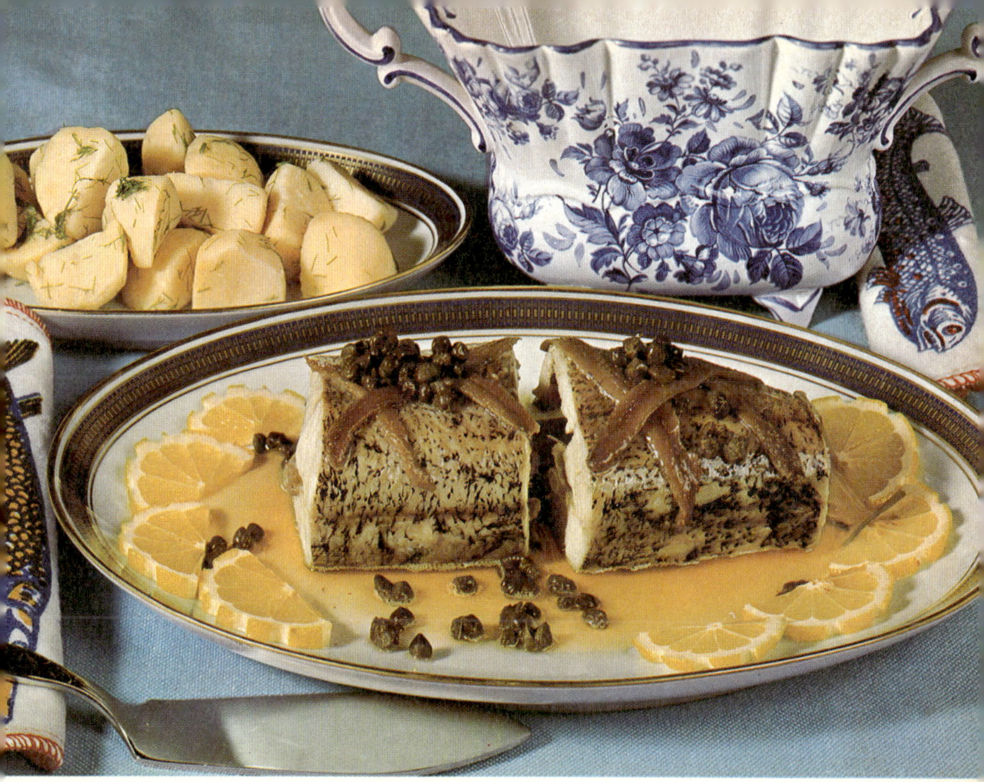

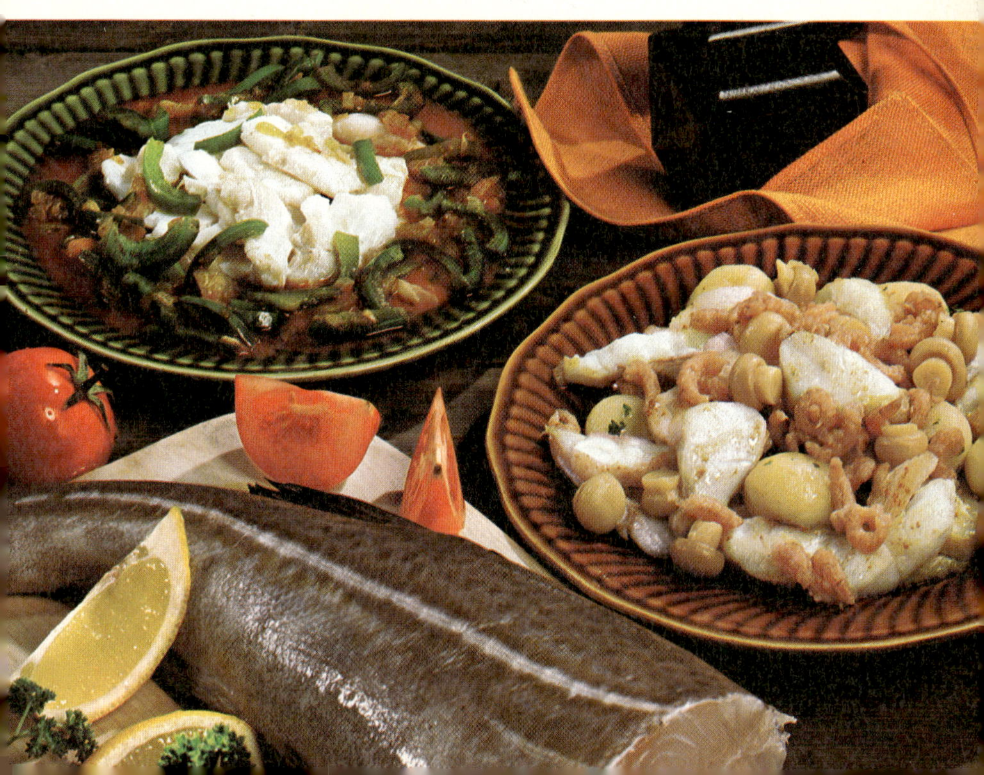

Seezunge „Murat"

4 Portionen à 185 Kalorien

250 g Seezungenfilets
Salz, Pfeffer, etwas Mehl
1 Eßlöffel Butter
oder Margarine
1 Dose Artischockenböden
oder -herzen
1/2 Dose Kartoffeln
Saft 1/2 Zitrone
1 Eßlöffel gehackte
Petersilie
etwas Aromat oder Fondor

Filets waschen, abtrocknen, in 1 cm breite, schräge Streifen schneiden, würzen, in Mehl wenden. Fett zerlassen, die Filets darin anbraten, herausnehmen, die geviertelten Artischockenböden 2–3 Minuten braten lassen, kleine Kartoffeln aus der Dose ebenfalls beifügen und erhitzen, mit Salz und Pfeffer würzen. Die Seezungen zuletzt wieder zugeben, alles mischen, Zitronensaft übergießen und Petersilie beifügen, noch etwas braten lassen und zuletzt pikant würzen.

Barschfilets auf schwedische Art

4 Portionen à 370 Kalorien

1200 g Barsch
1 Zwiebel, 1 Lorbeerblatt
1 Teelöffel Pfefferkörner
1/4 l Weißwein
2 Zitronen
Salz, Pfeffer
1/2 Bund Petersilie
4 Scheiben
altbackenes Toastbrot
75 g Butter

Fischfilets von den Gräten schneiden, enthäuten (Vorsicht vor den scharfen Flossen!). Gräten mit Zwiebelscheiben, Lorbeerblatt, Pfefferkörnern und Weißwein 15 Minuten kochen. Fischfilets mit Saft von 1 Zitrone beträufeln, salzen und pfeffern. Petersilie hacken. Toastbrot entrinden, zu Bröseln zerreiben, mit Petersilie mischen. Schale einer ungespritzten Zitrone unterreiben. Flache feuerfeste Form mit Butter bestreichen, Fisch einlegen. Fischfond daraufgießen, mit Bröseln bestreuen, mit zerlassener Butter beträufeln. Bei 180 Grad 35 Minuten überbacken. Mit süßsauer abgeschmecktem Gurkensalat und mit Kümmel gekochten neuen Kartoffeln servieren.

Fischfilet „Solferino"

Fischfilet auftauen lassen, mit Zitronensaft und Worcestersoße beträufeln, mit Salz oder Kräutersalz würzen. 10 Minuten ziehen lassen, in Mehl, verquirltem Ei und einem Gemisch aus Semmelbröseln und Käse wenden. Fett in einer Pfanne aufschäumen lassen, das Fischfilet hineinlegen und von beiden Seiten goldbraun braten. Inzwischen Tomatenmark mit feingehackter Paprikaschote, etwas Knoblauchpulver und 25 g weicher Butter verrühren. Abschmecken und auf 4 Zitronenscheiben spritzen. Mit Kaviar oder Oliven garnieren, auf den Fisch legen. Dazu Salat und Petersilienkartoffeln essen.

4 Portionen à 280 Kalorien

1 Päckchen (400 g)
tiefgekühltes Fischfilet
etwas Zitronensaft
1 Teelöffel Worcestersoße
Salz oder Kräutersalz
Mehl, 1 Ei
3 Eßlöffel Semmelbrösel
2 Eßlöffel geriebener Käse
2 gestrichene Eßlöffel
Butter oder Margarine
2 Teelöffel Tomatenmark
1 rote eingelegte
Paprikaschote
etwas Knoblauchpulver
25 g Butter
4 Scheiben Zitrone
Deutscher Kaviar, Oliven

Goldbarschfilet süß-sauer

Die Zutaten zu 1. bis auf die Speisestärke mischen und 10 Minuten leise kochen. Die Speisestärke mit 2 bis 3 Eßlöffel kaltem Wasser verquirlen, zur Soße rühren und einmal aufkochen. Inzwischen die Zwiebeln schälen und in Streifen schneiden, die Champignons putzen, waschen und ebenfalls in Streifen schneiden. Das Fischfilet waschen, salzen, pfeffern, in Mehl und verquirlten Eiern wenden und in dem erhitzten Öl goldgelb backen. Herausheben und abtropfen lassen. Schnell Zwiebeln und Champignons ins Fett streuen und 3 bis 4 Minuten braten. Mit Fisch anrichten und mit der Soße übergießen. Reis und Gurkensalat dazu.

4 Portionen à 530 Kalorien

1.– 1/4 l Weinessig
90 g Zucker
1/3 l Orangensaft
2 kleine Dosen
Tomatenmark
1 gestrichener Eßlöffel
Speisestärke
2.– 2 Zwiebeln
125 g frische Champignons
750 g Goldbarschfilet
Salz, Pfeffer, Mehl
2 Eier, 1 Tasse Öl

Gebratene Schollenfilets mit Kräutercreme

4 Portionen à 255 Kalorien

1 Päckchen (600 g)
tiefgekühlte Schollenfilets
etwas Zitronensaft
Salz, Pfeffer, Mehl
2 Eßlöffel Öl
1 Eßlöffel Butter
oder Margarine
200 g Sahnequark
1 Teelöffel Sardellenpaste
2 Eßlöffel gehackte
Kräuter (Petersilie
Schnittlauch, Kresse, Dill)
2 Teelöffel Senf
scharfer Paprika
etwas Worcestersoße
Kapern, Zitronenscheiben

Tip: Wer Glück hat
bekommt frische
Maischollen.

Die Schollenfilets mit Zitronensaft einreiben und kurz durchziehen lassen, mit Salz und Pfeffer bestreuen, in Mehl wenden. Öl erhitzen, Fett darin schmelzen, die Schollenfilets hineinlegen und von beiden Seiten schön goldbraun braten. Inzwischen den Quark mit Sardellenpaste, Kräutern und Senf mischen, mit Paprika und Worcestersoße abschmecken. Die Schollenfilets mit Kapern und Zitronenscheiben anrichten, dazu Kräutercreme und mit Kümmel gekochte Pellkartoffeln essen.

Seezungen „Müllerin-Art"

4 Portionen à 350 Kalorien

4 Seezungen à 200 g
(vom Fischhändler
abziehen und ausnehmen
lassen)
Salz, Pfeffer
2 Zitronen, Mehl
2 Eßlöffel Öl
2 Eßlöffel Butter
oder Margarine
Worcestersoße
gehackte Petersilie

Die vorbereiteten Seezungen gut waschen, abtrocknen, mit Salz, Pfeffer, dem Saft 1/2 Zitrone marinieren. Nach 5 Minuten abtrocknen und mit Mehl bestäuben, Öl und 1 Eßlöffel Butter in einer Pfanne heiß werden lassen, die Fische auf beiden Seiten goldbraun braten. Zuletzt das restliche Fett beifügen. Die Seezungen anrichten, mit wenigen Tropfen Worcestersoße beträufeln, das gibt das besondere Aroma. Dann geschälte, in dünne Scheiben geschnittene Zitronen auflegen, mit gehackter Petersilie bestreuen und das heiße Fett übergießen. Mit Petersilienkartoffeln und frischem Gurkensalat servieren.

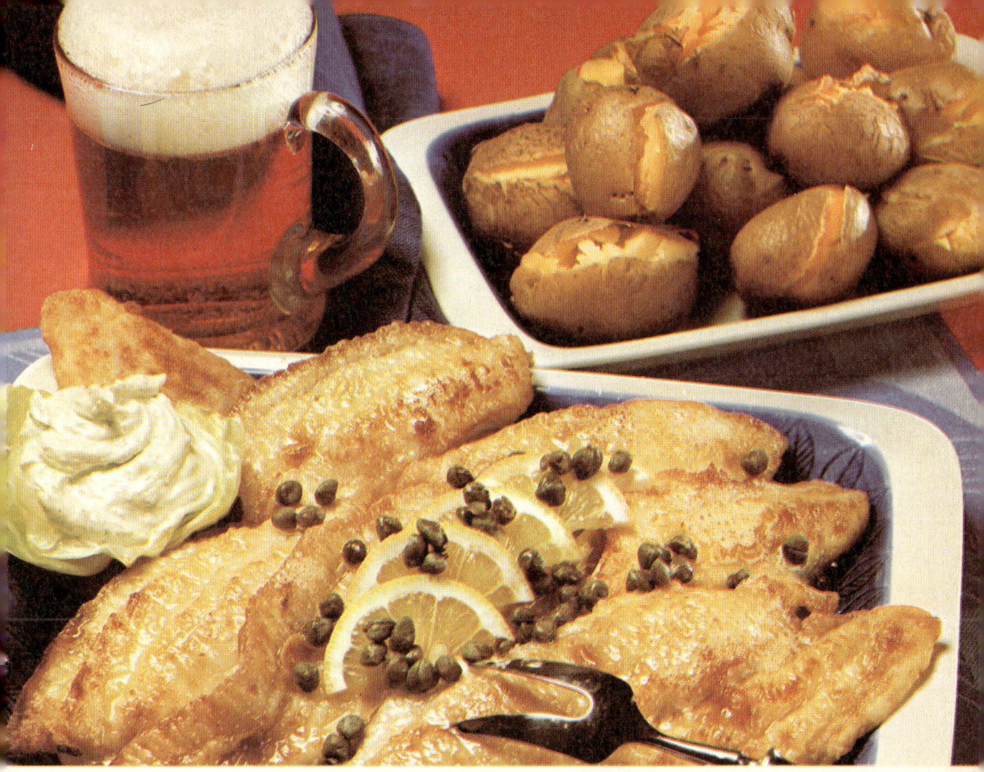

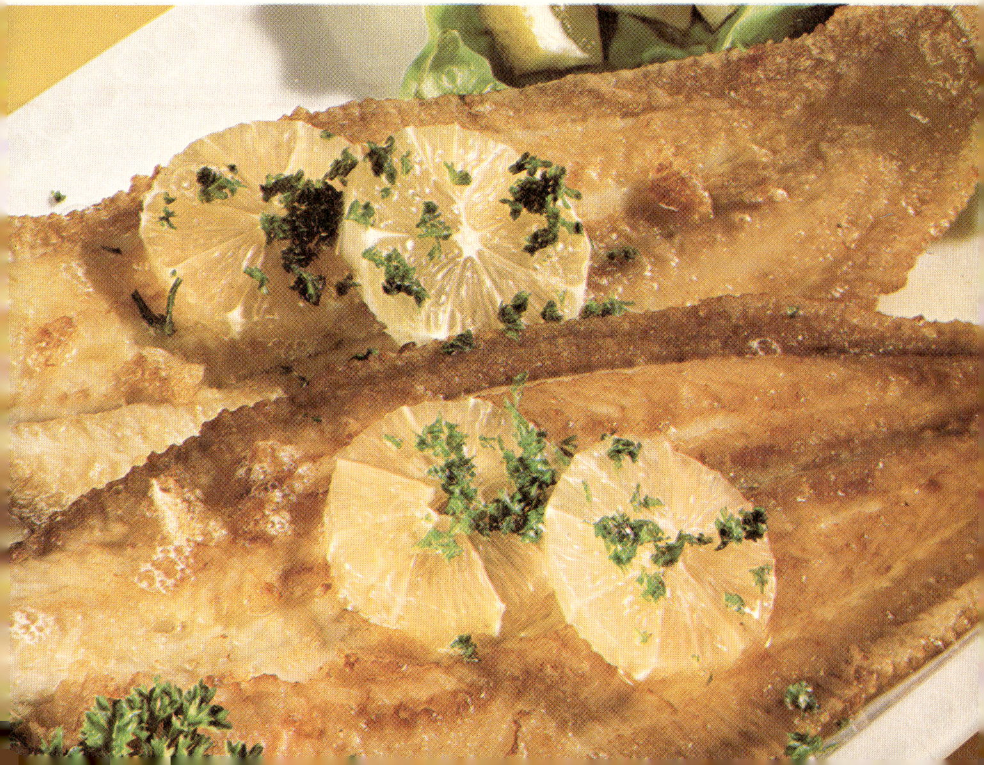

Fischfilet portugiesisch

4 Portionen à 410 Kalorien

750 g Goldbarschfilet
Salz, Pfeffer
1 Eßlöffel Weinessig
2 Zwiebeln,
1 Knoblauchzehe
etwas Mehl
6 Eßlöffel Olivenöl
1/2 Dose geschälte Tomaten
1 kleine Dose Sardellen
einige Oliven

Goldbarschfilet waschen, abtrocknen und mit Salz, Pfeffer und Weinessig einreiben. Zwiebeln und Knoblauchzehe schälen und fein hacken. Die Fischfilets in Mehl wenden, das Öl in einer Pfanne erhitzen und die Filets darin insgesamt 7 Minuten braten, anrichten. Zwiebeln und Knoblauch im Bratfett gelb werden lassen, Tomaten dazugeben und mit Salz und Pfeffer würzen. Soße 2 Minuten kochen, den Fisch damit umgießen und mit Sardellenfilets und einigen Olivenscheiben garnieren.

Schellfisch in brauner Butter

4 Portionen à 260 Kalorien

8 Scheiben Schellfisch
à 100 g
Salz, Pfeffer
2 Eßlöffel Öl
2 Eßlöffel Butter
3 Eßlöffel Essig
1 Röhrchen Kapern

Schellfisch waschen, abtrocknen und würzen. Öl in einer Pfanne erhitzen, die Schellfischscheiben hineinlegen und auf beiden Seiten goldbraun braten. Auf eine vorgewärmte Platte legen und heiß halten. Die Butter zum Bratfett geben, braun werden lassen und über den Fisch geben. Essig in die Pfanne geben, erhitzen und auch über den Fisch gießen, der zuletzt mit Kapern bestreut wird. Essen Sie dazu Salzkartoffeln und einen Gurkensalat, den Sie mit viel feingehacktem Dill und einer guten Prise Zucker abschmeckten.

Fischfilet in Bierteig

Seelachsfilet waschen, abtrocknen und in Portionsstücke schneiden. Mit Salz, Pfeffer, Zitronensaft und Senf würzen. Bier in eine Schüssel gießen, das Mehl hinzufügen und mit einem Schneebesen gut verrühren. Öl, Zucker und Salz darunterrühren. Die Fischfilets in den Bierteig tauchen, in das erhitzte Backfett legen, goldbraun ausbacken und auf einem Gitter abtropfen lassen. Dazu eine Soße aus Joghurt, Mayonnaise, gehackter Petersilie, fein gewürfelten Essiggurken und gewürfeltem Ei mischen. Dazu Kartoffelsalat in Öl-Essig-Marinade reichen (Foto Seite 92).

4 Portionen à 490 Kalorien

750 g Seelachsfilet
Salz, Pfeffer
Saft 1/2 Zitrone
1 Teelöffel Senf
1/4 l Bier
8 gehäufte Eßlöffel Mehl
2 Eßlöffel Öl
1 gestrichener Teelöffel
Zucker
reichlich Kokosfett
zum Ausbacken
1 Becher Joghurt
1/2 Beutel Mayonnaise
1/2 Bund Petersilie
2 Essiggurken
1 hartgekochtes Ei

Bauernfrühstück mit Bücklingsfilets

Kartoffeln und Zwiebeln schälen und beides in dünne Scheiben hobeln. Butter in einer flachen, kunststoffbeschichteten Pfanne zerlassen und die Zwiebeln darin gelblich werden lassen. Die Kartoffeln zugeben, mit Salz, Pfeffer und Muskat bestreuen und zugedeckt gar dünsten. Bücklinge vorsichtig enthäuten, auseinanderklappen und entgräten. Kopf und Gräten entfernen. Eier verquirlen, über die fertigen Kartoffeln geben, kurz durchrühren und dann die Bücklingsfilets darauflegen. Mit etwas Worcestersoße betropfen und auf der Kochstelle lassen, bis die Eier fest geworden sind. Dazu frischen Salat essen.
Tip: Sie können dieses Bauernfrühstück auch noch mit etwas geriebenem Käse bestreuen und kurz überbacken (Foto Seite 92).

4 Portionen à 520 Kalorien

2 Bücklinge
750 g Kartoffeln
3 Zwiebeln
2 Eßlöffel Butter
oder Margarine
Salz, Pfeffer, Muskat
4 Eier
etwas Worcestersoße

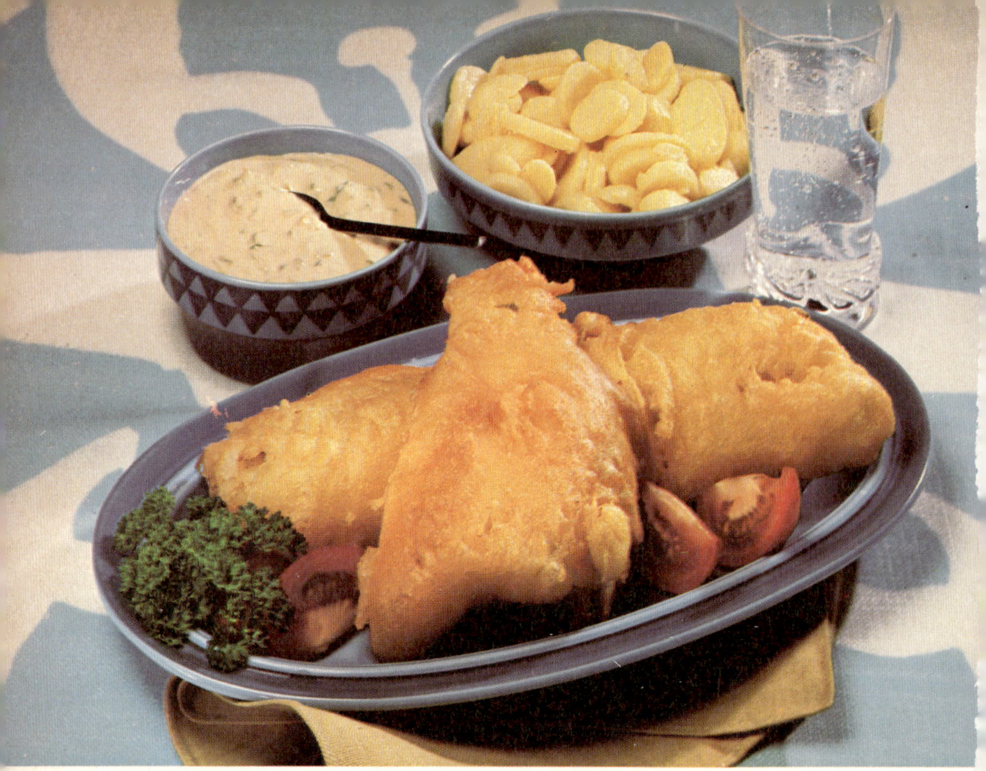

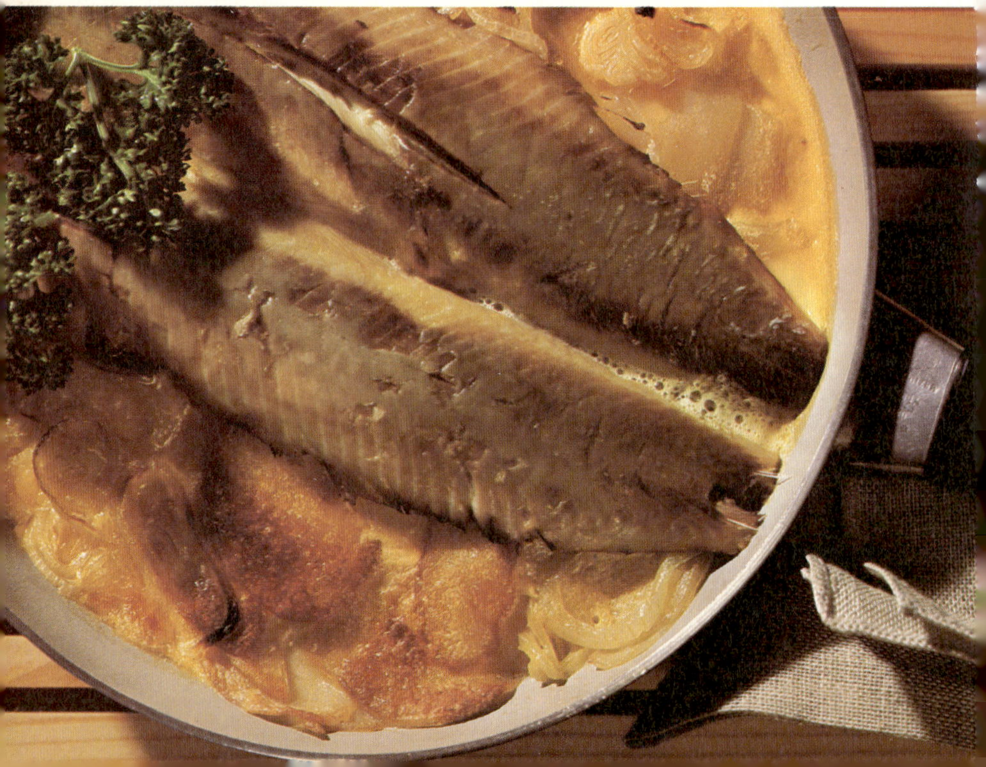

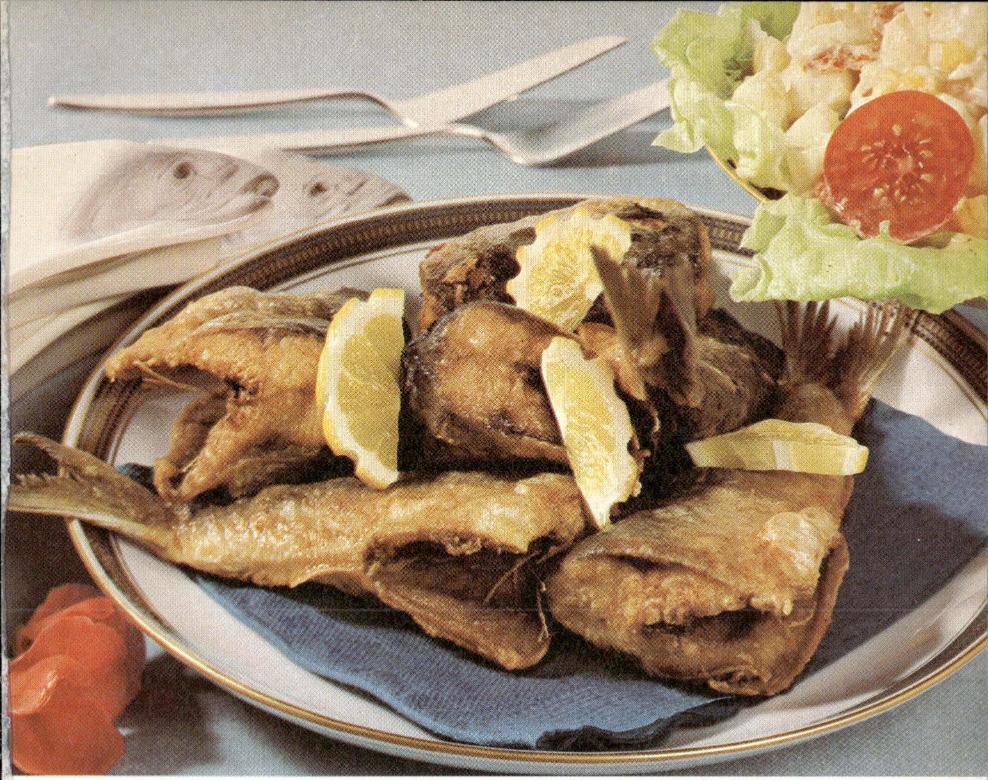
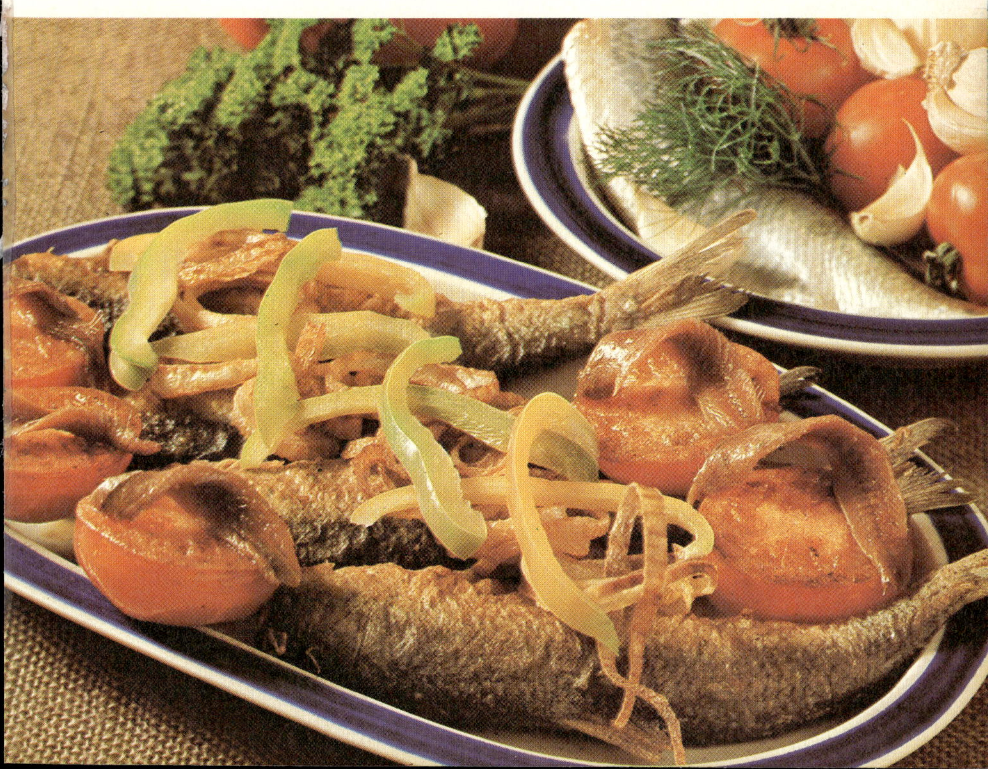

Gebackene Heringe
mit Kartoffelsalat

4 Portionen à 560 Kalorien

8 grüne (frische!) Heringe
Salz, 750 g Salatkartoffeln
1 Teelöffel Kümmel
1/2 Tasse Fleischbrühe
etwas Gewürzgurkenessig
1/2 Glas Mayonnaise
1 Teelöffel Senf
frisch gemahlener Pfeffer
Mehl, wasserfreies
Fett zum Backen
Zitrone, Petersilie

Die Heringe vom Fischhändler vorbereiten lassen. Gut waschen, mit 2 Teelöffeln Salz bestreuen und 1–2 Stunden durchziehen lassen. Inzwischen die Kartoffeln in Salzwasser mit Kümmel kochen, abgießen, kalt überbrausen und schälen. Fleischbrühe und Gurkenessig erhitzen, die Kartoffeln hineinschneiden, wenden und beiseite stellen, bis sie die Flüssigkeit ziemlich aufgesogen haben. Noch lauwarm mit Mayonnaise mischen, mit Senf, Salz und Pfeffer abschmecken, noch kurz durchziehen lassen. Die Heringe in Mehl wenden und in der Pfanne oder schwimmend hellbraun backen. Mit Zitrone und Petersilie garnieren.
(Foto Seite 92)

Heringe auf Balkan-Art

4 Portionen à 255 Kalorien

8 frische Heringe
Saft 1 Zitrone
2 Eßlöffel geriebener Käse
50 g Instant-Mehl
1 gestrichener Eßlöffel
Edelsüß-Paprika
1 Knoblauchzehe
2 Zwiebeln
1 Paprikaschote
Salz, Pfeffer
Margarine oder Öl
zum Braten, 4 Tomaten
einige Sardellenfilets

Heringe mit Zitronensaft einreiben. Käse mit Mehl, Edelsüß-Paprika und der zerquetschten Knoblauchzehe vermischen. Zwiebeln schälen und in Ringe schneiden, die Paprikaschote vierteln, entkernen, waschen und in Streifen schneiden. Die Heringe salzen, pfeffern, in der Mehlmischung wenden. Reichlich Fett erhitzen, die Heringe darin 8 Minuten braten, herausheben und heiß halten. Halbierte Tomaten mit der Schnittfläche in die Mehlmischung tauchen, ins Bratfett geben und von jeder Seite 2 Minuten braten. Zwiebeln und Paprikastreifen 3 Minuten darin braten. Heringe, Gemüse, mit Sardellen belegte Tomaten zusammen anrichten. Kartoffelpüree und grüner Salat dazu.
(Foto Seite 92)

Fischstäbchen mit Käse

Die gefrorenen Fischstäbchen auf eine feuerfeste Platte legen. Den Speck und die Zwiebel kleinschneiden und anbraten, die Käsewürfel und den Paprika daruntermischen und auf die Fischstäbchen geben. Bei 200 Grad ca. 8 Minuten in der Röhre backen und Kartoffelsalat und Remouladensoße (Seite 47) dazu reichen.

4 Portionen à 270 Kalorien

2 Pakete tiefgekühlte
Fischstäbchen (ca. 600 g)
4 Scheiben
geräucherter Speck
1 Zwiebel
4 Scheiben Käse
1 Teelöffel milden Paprika

Dorsch-Omelett

Zwiebelwürfel in dem Fett hellgelb dünsten und mit Krabbenbrühe ablöschen. Die angetauten Dorschfilets einlegen, mit Salz und Pfeffer würzen und zugedeckt 5 Minuten dünsten. Eier mit Sahne oder Kondensmilch, geriebenem Käse, gehackter Petersilie verquirlen, in einer Pfanne etwas Fett erhitzen und die Eier zugeben. Dorschfilets und Krabben beifügen und das Ei unter vorsichtigem Rühren mit einer Gabel stocken lassen. Auf einer Platte anrichten oder direkt in der Pfanne servieren und dazu frische grüne Salate und Salzkartoffeln reichen.

4 Portionen à 310 Kalorien

1 Packung Tiefkühl-
Dorschfilets
1/4 Dose Krabben
1 Eßlöffel Butter
oder Margarine
1 Zwiebel, Salz, Pfeffer
6–8 Eier
2–3 Eßlöffel Sahne
oder Kondensmilch
2–3 Eßlöffel geriebenen
Käse, gehackte Petersilie

Hechtröllchen

4 Portionen à 445 Kalorien

1000 g Hecht
(ausgenommen, ohne Kopf)
12 dünne Speckscheiben
Salz, Pfeffer
2 Eßlöffel Butter
oder Margarine
2 rote Paprikaschoten
Worcestersoße

Den Hecht schuppen, in 2 cm dicke Scheiben schneiden und jede Fischscheibe mit Speck umwickeln und würzen. Die Hechtröllchen in Fett braten, zuletzt die gewürfelte Paprikaschote kurz im Fett erhitzen, um die angerichteten Hechtröllchen geben, mit Worcestersoße würzen und Kartoffelsalat dazu reichen.

Makrelen mit Kräuterbutter

4 Portionen à 370 Kalorien

4 frische Makrelen
Öl, Pfeffer, Salz
75 g Butter
Saft von 1/4 Zitrone
1/2 Teelöffel scharfer Senf
1/2 Bund gehackte
Petersilie
etwas Suppenwürze
Makrelen sind von Mai bis
August am besten

Makrelen köpfen, vom Rücken aus entgräten, waschen und abtrocknen. Grillpfanne bis zur Höhe der Grillrillen mit Öl füllen und erhitzen. Makrelen mit Pfeffer bestreuen und mit der Hautseite in die Pfanne legen. Etwa 2 Minuten grillen, wenden und weitere 2 Minuten grillen. Dann auf einer heißen Platte anrichten und mit etwas Salz bestreuen. Vorher die Butter schaumig rühren. Zitronensaft, Senf, gehackte Petersilie, einige Spritzer Suppenwürze, Salz und Pfeffer hinzufügen und die Kräuterbutter pikant abschmecken. Zu den heißen Makrelen servieren oder darauf zerlaufen lassen. Und dazu einen saftigen Kartoffelsalat und verschiedene andere frische Salate servieren.

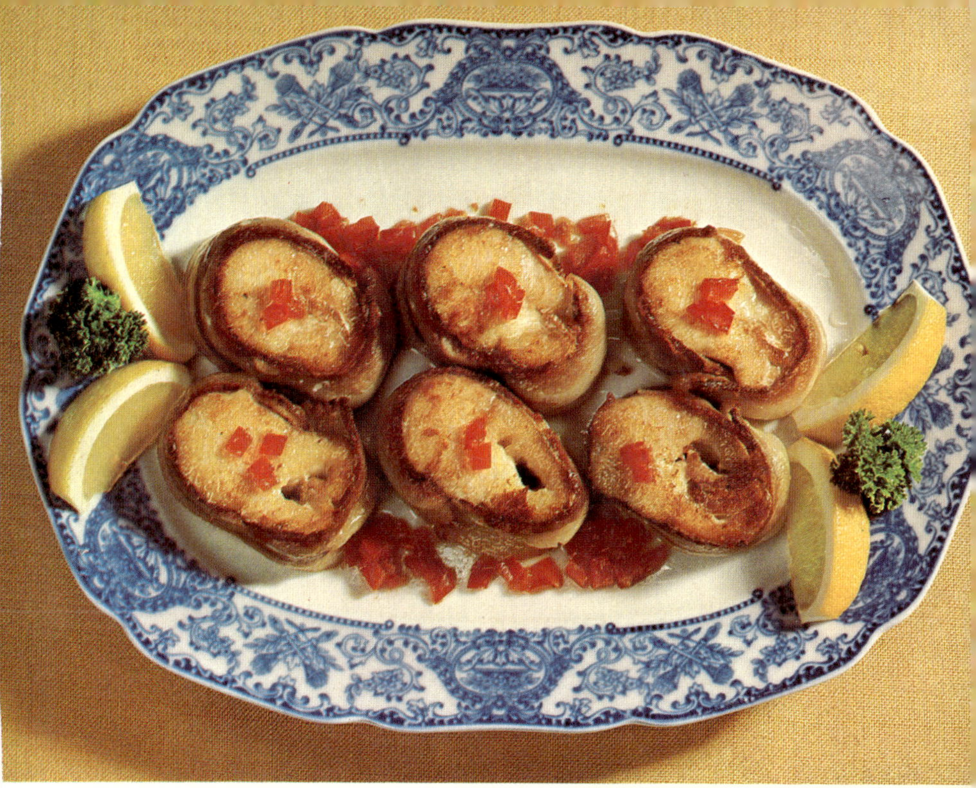

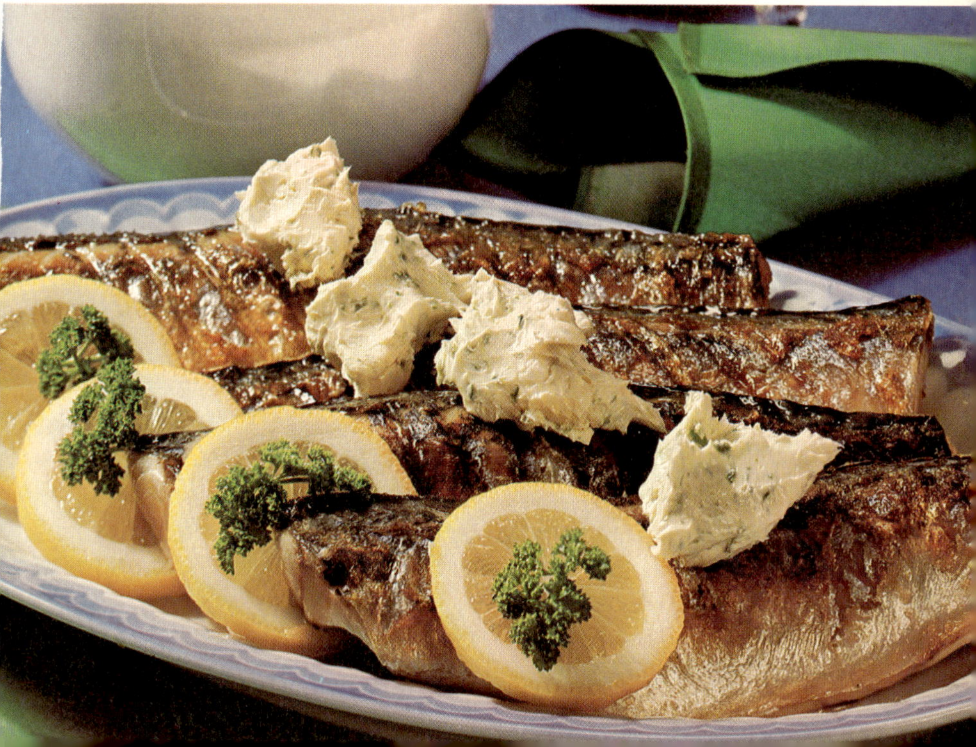

Aal in Salbei

4 Portionen à 460 Kalorien

600 g frischer Aal
(vom Fischhändler
abgezogen und
ausgenommen)
Saft von 1/2 Zitrone
Salz, Pfeffer, etwas Mehl
1 Eßlöffel Butter
oder Margarine
2 Teelöffel Salbeiblätter
1 Teelöffel gehackte
Petersilie

Den rohen Aal entgräten und die Filets in 5 cm lange
Stücke schneiden, mit Zitronensaft beträufeln, salzen,
pfeffern, mit etwas Mehl bestäuben und in Butter ca.
10 Minuten langsam braten. Die Salbeiblätter zuletzt
kurz mitbraten. Den angerichteten Aal mit Petersilie
überstreuen und mit Fett begießen.
Tip: Man kann die unausgelösten Aalstücke auch mit
frischen Salbeiblättern umwickeln, festbinden und so
braten. Salzkartoffeln und Gurkensalat als Beilagen.

Geschmorter Aal

4 Portionen à 580 Kalorien

1000 g kochfertig
vorbereiteter Aal, Salz
1/2 l Wasser
1 Eßlöffel Butter
1 Zitrone
2–3 Eßlöffel Semmelbrösel

Backofen auf 180 Grad vorheizen. Aal in Stücke
schneiden und salzen. In eine feuerfeste Schüssel
geben, Wasser dazugießen und Butter und Zitronensaft darauf verteilen. Semmelbrösel darüberstreuen
und den Fisch im vorgeheizten Backofen 45 Minuten
garen lassen.

Frische Forellen mit Mandeln

Die Forellen waschen und auf jeder Seite viermal leicht einschneiden, damit sie sich beim Braten nicht krümmen und schneller gar werden. Salzen und pfeffern, etwa 15 Minuten liegen lassen, in Mehl wenden – auch innen mit Mehl bestäuben – und gut abklopfen. Öl und 1 Eßlöffel Butter in einer Pfanne erhitzen, die Forellen darin etwa 8 Minuten braten und dabei mit dem Bratfett begießen. Dann auf eine heiße Platte legen und schnell die Mandeln und die übrige Butter im Fett goldgelb werden lassen. Über die Forellen gießen und Zitronenspalten dazulegen. Mit Salzkartoffeln servieren.

4 Portionen à 310 Kalorien

4 frische Regenbogenforellen (vom Fischhändler ausgenommen!)
Salz, weißer Pfeffer
Mehl, 3 Eßlöffel Öl
2 Eßlöffel Butter
1 Beutel gehobelte Mandeln
1 Zitrone

Sie können auch Forellen aus der Tiefkühltruhe verwenden.

Seezunge „Colbert"

Die Haut der ausgenommenen Seezungen vom Schwanz her mit einem Tuch abziehen und die Flossen ringsum mit einer Schere abschneiden. Die Fische kurz abwaschen. Die Seezungenfilets jeweils auf einer Seite von der Mittelgräte aus bis zu den Außenrändern des Fisches mit einem scharfen Messer lösen. Die Mittelgräte oben und unten durchstechen, damit diese nach dem Backen entfernt werden kann. Die Seezunge salzen, pfeffern und aufgeklappt in Mehl, in mit Milch verquirltem Ei und Paniermehl wenden. Die Fische in dem Backfett ca. 8 Minuten garen. Gräte entfernen und Kräuterbutter (Seite 46) hineinfüllen. Salzkartoffeln und Gurkensalat dazu.

4 Portionen à 280 Kalorien

4 Seezungen
Salz, Pfeffer
2 Eßlöffel Mehl, 2 Eier
2 Eßlöffel Kondensmilch
helles Paniermehl
Backfett

Gebratene Scholle mit Kräuterbutter

4 Portionen à 350 Kalorien

4 Schollen, 1 Zitrone
Salz, Pfeffer
2 Eßlöffel Mehl, 1 Ei
2 Eßlöffel Milch
Paniermehl
2 Eßlöffel geriebener Käse
2 Eßlöffel Butter

Die ausgenommenen Schollen schuppen, die Flossen abschneiden, die Fische waschen, mit etwas Zitrone beträufeln und mit Salz und Pfeffer würzen. Die Fische in Mehl, in mit Milch verquirltem Ei und in mit Käse vermischtem Paniermehl wenden und in Fett auf beiden Seiten goldbraun braten. Kräuterbutter (Seite 46) zu Kugeln geformt auf Zitronenscheiben setzen und mit Petersilienkartoffeln und Salaten reichen.

Forellen „Müllerin-Art"

4 Portionen à 280 Kalorien

4 vorbereitete Forellen
Salz, Pfeffer
Instant-Mehl
2 Eßlöffel Öl
1 Eßlöffel Butter
2 Zitronen, Worcestersoße
1/2 Bund Petersilie

Forellen waschen, trockentupfen, mit Salz und Pfeffer innen und außen würzen. In Mehl wenden, auch innen mit Mehl bestäuben. Öl erhitzen, Forellen darin auf beiden Seiten 8 Minuten braten. Zuletzt Butter zugeben. Eine Zitrone auspressen, andere wie einen Apfel schälen, in Scheiben schneiden. Forellen mit Saft beträufeln, mit Zitronenscheiben belegen und mit dem heißen Fett übergießen. Mit gehackter Petersilie bestreuen. Worcestersoße dazu reichen.
Tip: Frisch geschlachtete Forellen krümmen sich in der Pfanne, deshalb dafür am Vortag geschlachtete Forellen verwenden.

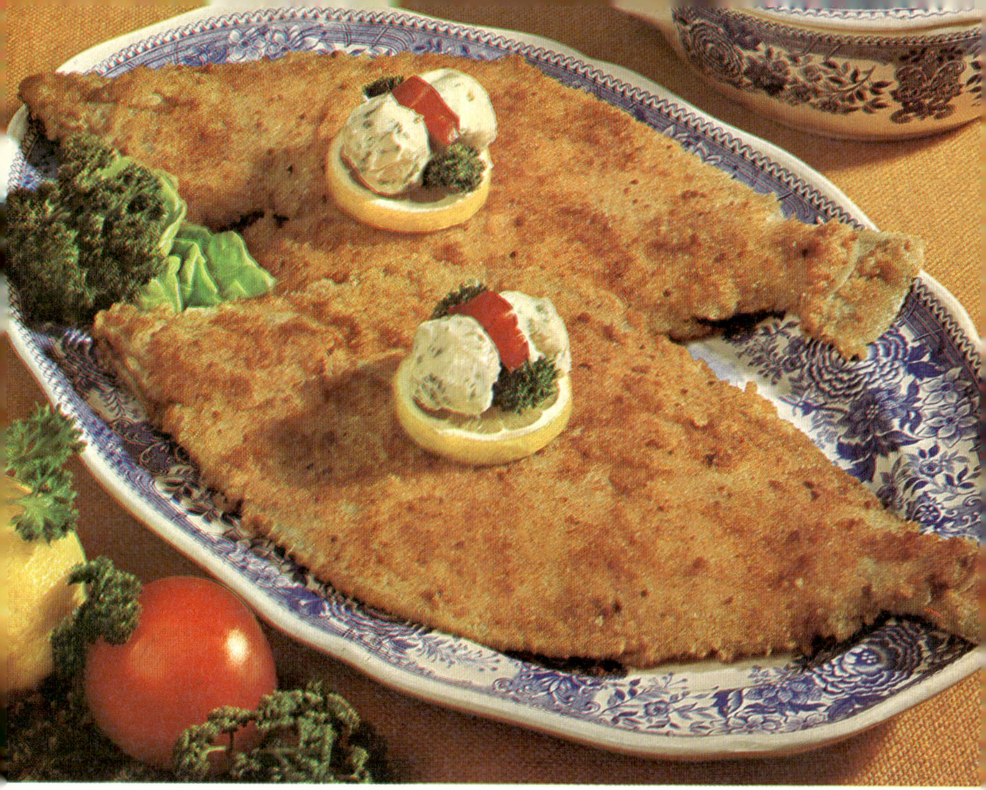

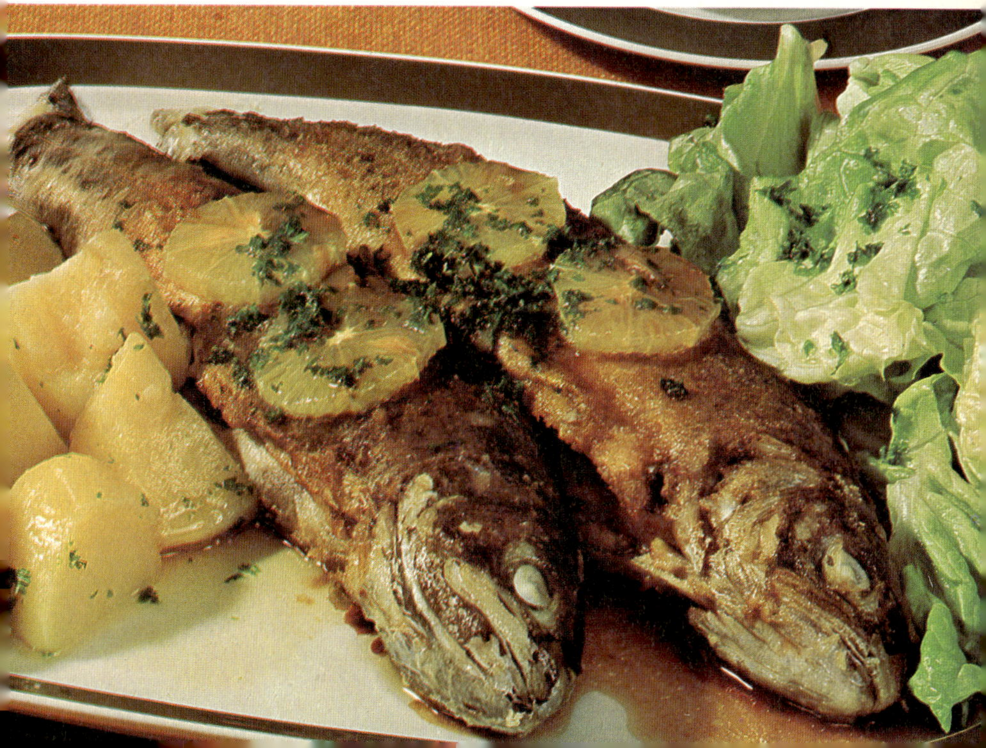

Gespickter Hecht

4 Portionen à 360 Kalorien

1000 g frischer Hecht
ausgenommen
und enthäutet
50 g fetter
geräucherter Speck
Salz, Pfeffer
2 Eßlöffel Öl
1/8 l saure Sahne
etwas Paprika

Hechte mit 1–2 kg
Lebendgewicht – sie sind
am schmackhaftesten.
Achten Sie
beim Kauf darauf.

Speck in lange, dünne Streifen schneiden und mit der Spicknadel den gut ausgewaschenen Hecht spicken. Mit Salz und Pfeffer würzen, in eine Pfanne geben, mit Öl bestreichen, bei ca. 225 Grad 30 Minuten braten. Dabei einige Male übergießen. Den gegarten Hecht mit saurer Sahne übergießen, mit Paprika bestäuben und noch ca. 5 Minuten in der Backröhre überbacken.
Tip: Der Hecht kann auch mit Speckscheiben belegt und mit Garn umwickelt und wie oben angegeben gegart werden.

Aal gebacken

4 Portionen à 850 Kalorien

1000 g Aal
(vom Fischhändler bereits
getötet, abgezogen
und ausgenommen)
1/2 Zitrone, entsaften
Salz, Pfeffer, Mehl
2 Eier, Paniermehl, Backfett
Zur Soße:
1/2 Beutel Mayonnaise
1/2 Becher Joghurt
2 Essiggurken
1 hartgekochtes Ei
2–3 Sardellenfilets
1 Eßlöffel gehackte
Petersilie

Den Aal in 4–5 cm lange Stücke schneiden und mit Zitronensaft, Salz und Pfeffer 1–2 Stunden marinieren. Danach gut abtrocknen, in Mehl wenden, in verquirltes Ei tauchen und innen und außen gut mit Paniermehl umhüllen. In Backfett bei 175 Grad ca. 10 Minuten backen. Hierzu eine Soße servieren. Mayonnaise mit Joghurt verrühren, mit Salz und Pfeffer würzen und mit gehackten Gurken, Ei, Sardellen und Petersilie vermischen. Mit Zitronenspalten garnieren. Als Beilage eine gemischte Salatplatte reichen.

Gegrillte Bücklinge

Von den enthäuteten Bücklingen vorsichtig die Filets abheben und die Gräten entfernen. Dill, Zitronensaft, Paprika und Aromat oder Fondor unter die geschmeidige Butter mischen und 4 Bücklingsfilets mit dieser Butter bestreichen. Je 1 Bücklingsfilet auf die bestrichenen Hälften legen, in ein feuerfestes Geschirr setzen und unter dem Grill ca. 10 Minuten erhitzen. Im Geschirr servieren und dazu Salzkartoffeln oder auch Pellkartoffeln und grünen Salat reichen. Bücklinge können auch vorsichtig in einer Grillpfanne auf beiden Seiten gegrillt werden. Das Wenden ist allerdings sehr schwierig, da die Fische leicht auseinanderfallen.

4 Portionen à 540 Kalorien

4 große Bücklinge
(enthäuten, entgräten)
2 Eßlöffel Butter
oder Margarine
Saft 1/2 Zitrone
1 Teelöffel geschnittener
Dill, 1 Löffelspitze
scharfer Paprika
etwas Aromat oder Fondor

Schwedische Heringsfrikadellen mit Korinthensoße

Das Ochsenfleisch mit den gekochten Kartoffeln und den entgräteten Salzheringen durch die feine Scheibe der Fleischmaschine drehen. Gehackte Zwiebeln in 1/2 Eßlöffel Fett gelb werden lassen und mit Eigelb und schwarzem Pfeffer zur Fleisch-Hering-Masse geben. Gut verarbeiten und daraus Klopse formen. Die Klopse im restlichen Fett auf beiden Seiten braten und mit Korinthensoße (Seite 50), Kartoffelpüree und grünem Salat servieren.

4 Portionen à 530 Kalorien

375 g gekochtes
Ochsenfleisch
2 gekochte Kartoffeln
2 Salzheringe
2 Eßlöffel Butter
oder Margarine
1 Zwiebel, 2 Eigelb
schwarzer Pfeffer

Gebratenes Goldbarschfilet mit Estragon

4 Portionen à 320 Kalorien

750 g Goldbarschfilet
Saft 1/2 Zitrone
Salz, Pfeffer
1 Teelöffel Estragon
etwas Mehl
2 Eßlöffel Butter
oder Margarine
2 Eßlöffel Cornflakes
oder Semmelbrösel
1 Eßlöffel geriebener Käse

Fischfilet mit Zitronensaft, Salz, Pfeffer und Estragon würzen, mit Mehl bestäuben, in Fett auf beiden Seiten braten. Zuletzt die zerdrückten Cornflakes mit Käse auf die Filets streuen, kurz weiterbraten und mit heißem Bratfett mehrmals übergießen. Petersilienkartoffeln und Salatplatte dazu reichen.

Tip: Achten Sie beim Kauf von Estragon auf das Aroma. Es gibt stark duftende und aromalose Sorten.

Blaufelchen

4 Portionen à 220 Kalorien

4 Bodensee-Blaufelchen
2 Zitronen
Salz, Pfeffer, etwas Mehl
3 Eßlöffel Öl
1 Eßlöffel Butter
oder Margarine
Worcestersoße
1 Eßlöffel gehackte
Petersilie

Blaufelchen waschen, die Flossen abschneiden. Mit dem Saft von 1/2 Zitrone beträufeln und 5 Minuten ziehen lassen. Danach salzen und pfeffern, in Mehl wenden, innen mit Mehl bestäuben und in dem heißen Öl auf beiden Seiten braten. Butter oder Margarine zuletzt zugeben, die Blaufelchen damit einige Male übergießen. Auf einer Platte anrichten, mit Worcestersoße und Zitronensaft beträufeln, mit gehackter Petersilie bestreuen, das heiße Fett übergießen. Als Beilagen Salzkartoffeln und Zitronenspalten reichen.

Tip: Blaufelchen werden im Bodensee gefangen, sie gehören zur Gattung der Renken.

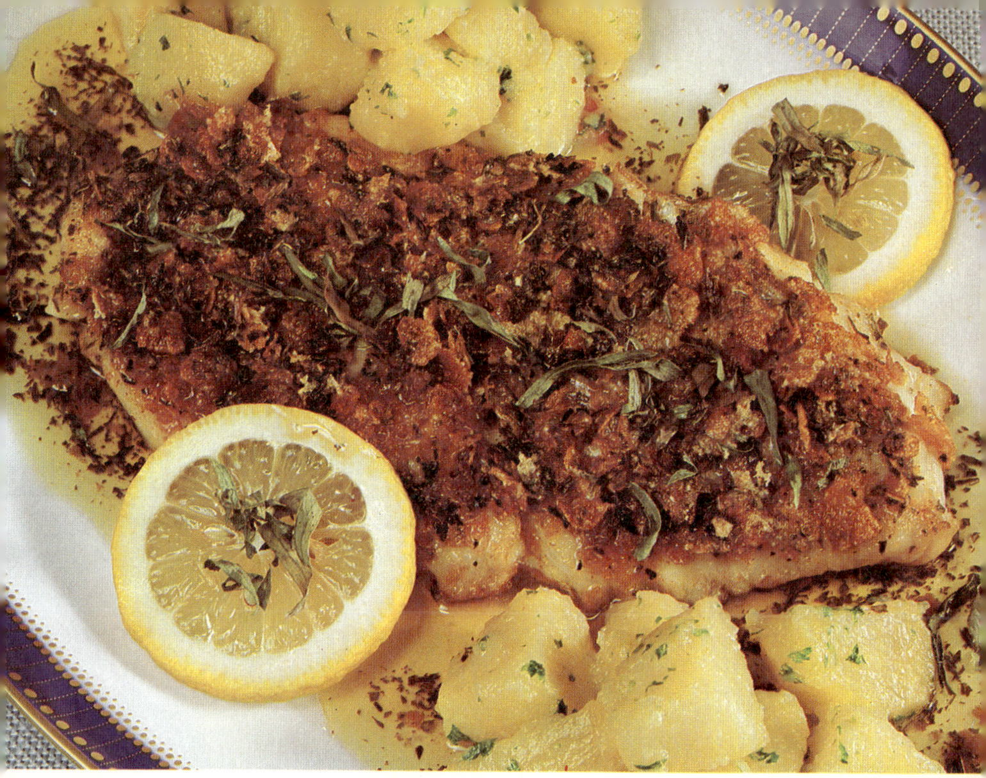

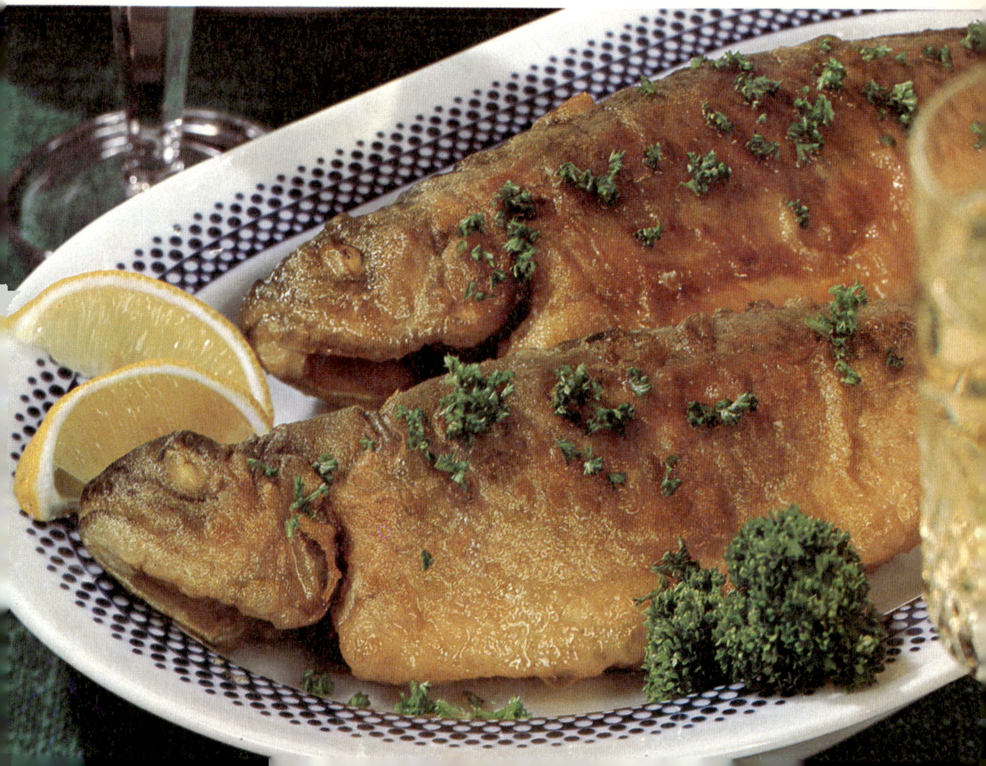

Erbsen mit Krabben

4 Portionen à 345 Kalorien

150 g tiefgekühlte Krabben
2 gestrichene Eßlöffel
Speisestärke, 1/2 Eiweiß
1 Eßlöffel Weißwein
1 Löffelspitze Salz
3 Zwiebeln
2 gestrichene Eßlöffel Mehl
1 Teelöffel Edelsüß-Paprika
1/2 Tasse Öl, 1/8 l Wasser
3 Eßlöffel Tomatenketchup
2 Eßlöffel Sojasoße
1 gestrichener Teelöffel
Streuwürze
300 g tiefgekühlte Erbsen

Die Krabben im geschlossenen Beutel in kaltes Wasser legen und auftauen lassen. Dann auf Küchenpapier abtrocknen, mit Speisestärke, Eiweiß, Weißwein und Salz mischen. Die Zwiebeln schälen, in Scheiben schneiden und in Mehl und Paprika wenden. Das Öl erhitzen, die Krabben hineinlegen. 1 Minute backen und wieder herausnehmen. Dann die Zwiebeln in dem Öl goldgelb braten und herausnehmen. Wasser, Ketchup, Sojasoße und Streuwürze aufkochen, die Erbsen hineingeben und 3 Minuten dünsten. Krabben und Zwiebeln hineingeben und erhitzen. Mit Reis servieren.

Gebratene Makrelen auf Grenobler Art

4 Portionen à 410 Kalorien

4 Makrelen
Salz, Pfeffer
2 Eßlöffel Mehl
2 Eßlöffel Öl
2 Eßlöffel Butter
oder Margarine
1 Zitrone
2 Weißbrotscheiben
einige Kapern

Die ausgenommenen Makrelen waschen, von den Flossen befreien und mit Salz und Pfeffer würzen. Die Fische von innen und außen mit Mehl bestäuben, das Mehl gut andrücken und die Fische in Öl und wenig Butter unter öfterem Übergießen mit Fett braten. Die Makrelen auf einer Platte anrichten und mit Zitronensaft beträufeln. Dem Bratfett noch etwas Butter zufügen und das in Würfel geschnittene Weißbrot darin goldgelb braten. Über die Fische gibt man filierte Zitronenspalten und einige Kapern sowie die goldgelben Brotwürfelchen. Als Beilage reicht man Salzkartoffeln.

Merlanfilets in Ei

Die Fischfilets mit Zitronensaft beträufeln, salzen, pfeffern und mit Fondor würzen, in Mehl wenden und durch die mit der Kondensmilch verquirlten Eier ziehen. Die Filets in Fett goldbraun braten, anrichten und Kartoffelsalat mit Remouladensoße (Seite 47) dazu reichen.

4 Portionen à 270 Kalorien

8 Merlanfilets
1 Zitrone, entsaften
Salz, Pfeffer, Fondor
2 Eßlöffel Mehl
2 Eier
2 Eßlöffel Kondensmilch
2 Eßlöffel Fett

Gegrillte Hummerkrabben

Hummerkrabben schälen – jedoch nicht die Schwanzflossen entfernen. Krabben am Rücken ein-, nicht durchschneiden und den Darm (dünner schwarzer Strang) entfernen. Hummerkrabben mit Salz und Worcestersoße 1/2 Stunde marinieren. Butter in flacher Pfanne unter dem Grill nußbraun werden lassen. Hummerkrabben zugeben, auf beiden Seiten insgesamt 5 Minuten grillen.

Rumsoße: Zwiebel schälen, hacken, Paprika- und Pfefferschoten waschen, entkernen, Knoblauch schälen, zerquetschen und zerreiben. Alles mischen, mit Rum übergießen und 3–4 Stunden kalt stellen. Danach 15 Minuten kochen, etwas abkühlen und im Mixer grob pürieren. 2–3 Minuten kochen, Sahne mit Eigelb verquirlen, unter Rühren zugießen und aufkochen. Mit Chilisoße, Tomatenketchup und Fleischextrakt pikant abschmecken.

4 Portionen à 530 Kalorien

1000 g chinesische Hummerkrabben-Schwänze (ohne Kopf, mit Schale)
Salz, Worcestersoße
75 g Butter

Rumsoße:
1 große Zwiebel
2 grüne Paprikaschoten
1 scharfe, kleine Pfefferschote
1 Knoblauchzehe
1/4 l Rum (54 %)
1/8 l süße Sahne
2 Eigelb
2 Teelöffel scharfe Chilisoße
2 Eßlöffel Tomatenketchup
1 Teelöffel Fleischextrakt

Fischkoteletts

4 Portionen à 300 Kalorien

4 Scheiben Kabeljau
(je 250 g)
1 Eßlöffel Öl
2 Teelöffel Senf
1/2 Teelöffel Estragon
Saft 1/2 Zitrone
Salz, etwas Mehl, 1 Ei
Semmelbrösel
etwa 2 Eßlöffel Butter
oder Margarine
4 Zitronenscheiben

Den Fisch waschen und abtrocknen. Öl, Senf, Estragon und Zitronensaft verrühren, den Fisch darin wenden und 10 Minuten ziehen lassen. Dann mit Salz bestreuen und in Mehl, verquirltem Ei und Semmelbrösel wenden. Fett in der Pfanne zerlassen, die Kabeljaukoteletts hineinlegen und auf jeder Seite 4 Minuten braten. Mit Zitronenscheiben auf eine Platte legen und dazu Bohnensalat essen, den Sie mit gehackter Petersilie, gewürfelten Zwiebeln und etwas Bohnenkraut anmachen können. Außerdem Salzkartoffeln mit geschnittenem Dill bestreut oder Stangen-Weißbrot.

Pikante Fischspießchen

4 Portionen à 455 Kalorien

500 g Fischfilet
6 Speckscheiben
4 Tomaten, Zitronensaft
Salz, Pfeffer, etwas Mehl
6 Eßlöffel Öl
Tomatenketchup

Fischfiletstücke, zerteilte Speckscheiben und Tomatenviertel auf 4 Spieße verteilen und mit Zitronensaft, Salz, Pfeffer würzen und leicht mit Mehl bestäuben. Das Öl in einer Grillpfanne erhitzen, die Fischspieße auf allen Seiten braten, zuletzt mit etwas Tomatenketchup bestreichen und kurz weiter braten. Kartoffelchips und Mixed Pickles dazu servieren.
Tip: Die Fischspieße können auch sehr gut im Grill zubereitet werden. Als Fischfilet eignet sich: Goldbarsch, Heilbutt, Seezunge, Scholle, Seelachs, Karpfen, Zander und Barsch.

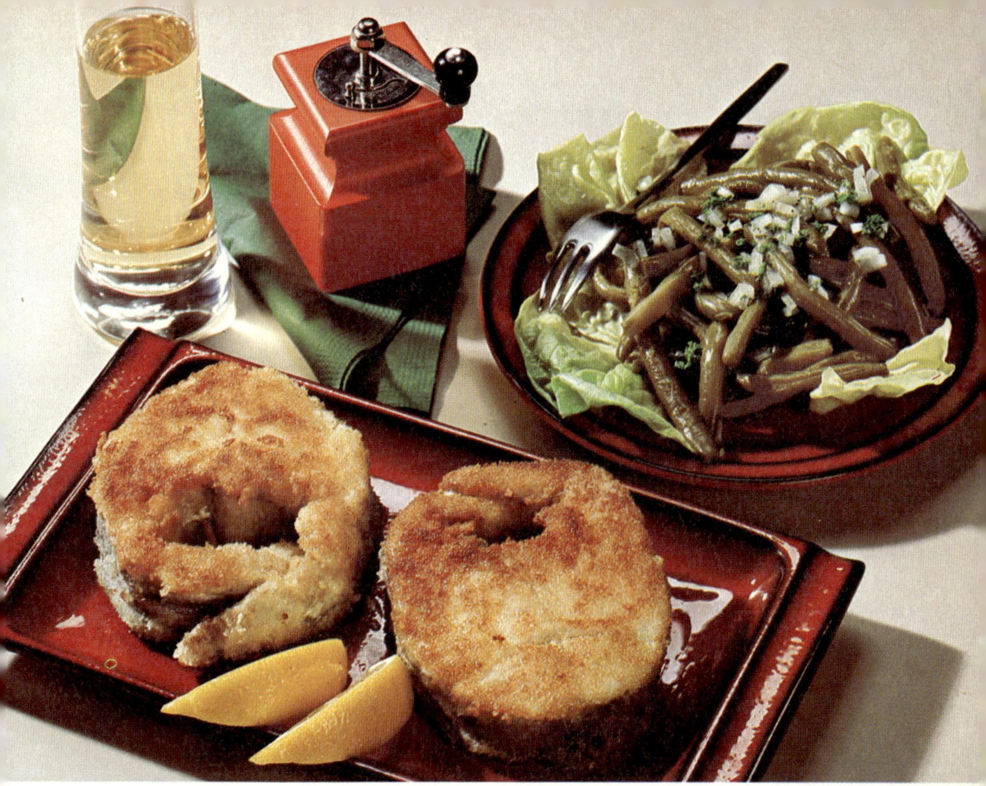

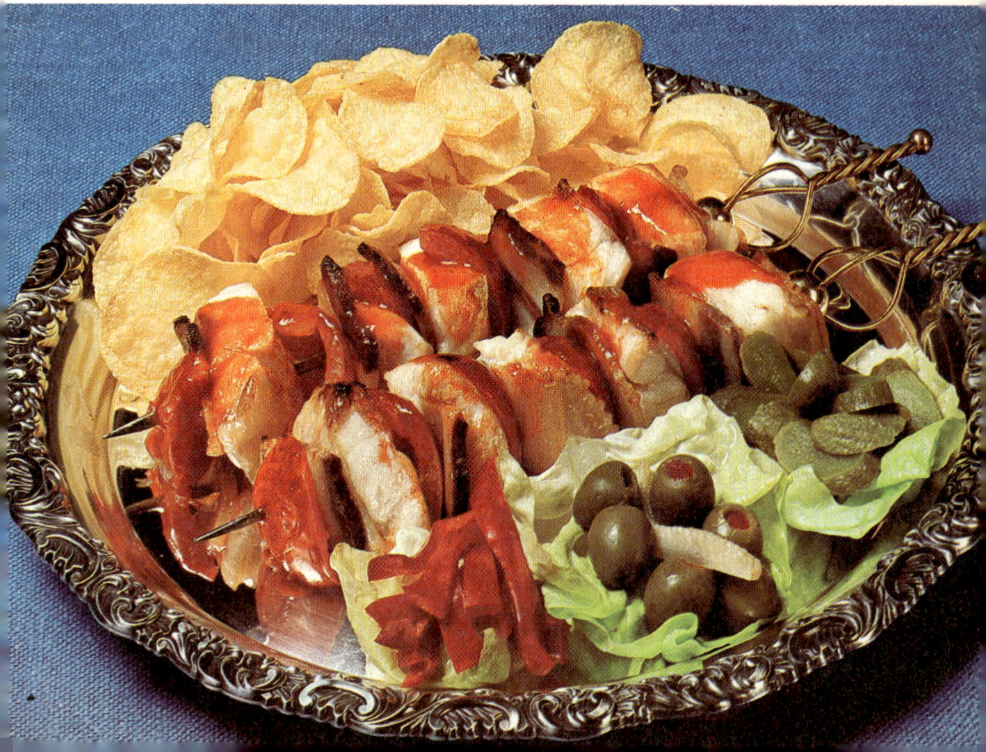

Gegrillte Forellen

4 Portionen à 275 Kalorien

4 tiefgekühlte Forellen
Salz, Pfeffer, Mehl
2 Eßlöffel Öl
1 Eßlöffel Butter
1 Eßlöffel gehackte
Petersilie
Saft 1 Zitrone
2 Teelöffel Worcestersoße

Die tiefgekühlten Forellen wie empfohlen antauen lassen, innen und außen mit Salz und Pfeffer würzen und auch innen und außen mit Mehl bestäuben. Eine Grillpfanne leicht einölen und erhitzen. Die Forellen mit Öl betropfen, in die Pfanne legen und auf jeder Seite etwa 5 Minuten langsam grillen. Dann anrichten und heiß halten. Schnell Butter in die Grillpfanne und gleich darauf über die Forellen gießen. Mit Petersilie bestreuen und mit Zitronensaft und Worcestersoße beträufeln. Dazu Salzkartoffeln und einen beliebigen Salat reichen. Und ein Gläschen Moselwein.

Gegrillter Heilbutt mit Bearnaise

4 Portionen à 340 Kalorien

4 Scheiben frischer
Heilbutt à 200 g
Pfeffer
4 Eßlöffel Öl, Salz
Zitronensaft

Den Heilbutt mit Pfeffer würzen und mit 2 Eßlöffel Öl beträufeln. Eine Grillpfanne erhitzen, mit Öl bestreichen, den Heilbutt hineinlegen und jede Seite etwa 5 Minuten grillen. Wichtig ist, daß der Fisch auch wirklich frisch ist. Also zum Grillen keinen Fisch verwenden, der eingefrostet war. Die Fischscheiben nach dem Grillen salzen, mit etwas Zitronensaft beträufeln und anrichten. Sauce Bearnaise Seite 54, Petersilien-kartoffeln und einen Weißwein dazu servieren.

Gebratener Hummer nach amerikanischer Art

Hummer gut waschen und dabei zwischen den Beinen bürsten. Wasser in einen Topf gießen, bei starker Hitze zum Kochen bringen. Hummer hineinlegen, zudecken und 1/2 Minute kochen. Herausheben, die Scheren lösen und die Schale mit einem Messerrücken so einschneiden, daß sich das Fleisch später leicht herauslösen läßt. Hummerschwanz in Scheiben schneiden. Den Körper halbieren (Magen entfernen!) und das grünliche Mark herauslösen (aufbewahren). Hummerstücke salzen und pfeffern. Schalotten, Zwiebel, Knoblauchzehen und Möhre schälen und fein hacken. Petersilie, Thymian und Estragon zusammenbinden. Tomaten kurz in kochendes Wasser tauchen, abziehen, vierteln, entkernen und grob hacken. 50 g Butter und Öl in einer Kasserolle erhitzen, bis das Fett aufschäumt. Hummerstücke darin braten, bis sich die Schalen rot färben. Dann Gemüse dazugeben und 3–4 Minuten dünsten. Nun das Kräuterbündel hinzufügen. Cognac oder Weinbrand in einem kleinen Topf erwärmen, anzünden und brennend über den Hummer gießen. Kurz schütteln, bis die Flamme erlischt, und dann Weißwein, Fleischextrakt und Tomaten dazugeben. Zudecken, 15 Minuten schmoren und das Kräuterbündel entfernen.

Inzwischen 100 g weiche Butter mit dem Hummermark verrühren. Petersilie waschen, abtrocknen und fein hacken. Beides nach der Schmorzeit zum Hummer geben und mit der Soße gut verrühren. Mit Sherry und Cayennepfeffer abschmecken, anrichten und lockerkörnigen Reis dazu servieren.

4 Portionen à 770 Kalorien

2 lebende Hummer
von etwa 750–1000 g
2 l Wasser, Salz, Pfeffer
150 g Butter
4 Eßlöffel Öl
4 Schalotten, 1 Zwiebel
2 Knoblauchzehen
1 große Möhre
Petersilienstiele
1 Zweig Thymian
1 Zweig Estragon
10 reife Tomaten
1 Weinglas Cognac
oder feiner Weinbrand
1/4 l herber Weißwein
1 Teelöffel Fleischextrakt
gehackte Petersilie
1 Likörglas trockener
Sherry, Cayennepfeffer

Rotbarschfilet „Wiener Art"

4 Portionen à 280 Kalorien

1000 g Rotbarschfilet
Salz, Paprika
2 Eier, Paniermehl
2 Eßlöffel Backfett
2 Eier, Zitrone, Kapern
8 Sardellenfilets

Zanderfilet „polnisch"

4 Portionen à 360 Kalorien

1200 g Zander
Saft 1 Zitrone
Salz, Pfeffer
2 Eier
1/2 Bund Petersilie
Instant-Mehl
2 Eßlöffel Öl
50 g Butter
Semmelbrösel

Zanderfleisch von den Gräten lösen, enthäuten, Filets mit Zitronensaft, Salz und Pfeffer marinieren. Eier hart kochen, abschrecken, grob würfeln, Petersilie fein hacken.
Fisch in Instant-Mehl wenden. Öl erhitzen, 25 g Butter und Fischfilets zugeben, goldgelb braten und herausnehmen. Restliche Butter in Bratfett geben. Semmelbrösel darin bräunen. Fischfilets mit Eiwürfel und Petersilie bestreuen. Heiße Brösel mit Fett daraufgießen.
Salzkartoffeln mit Dill und Kopfsalat dazu reichen.

Schollen mit gebratenem Speck

4 Portionen à 270 Kalorien

4 vorbereitete Schollen
à 250 g
Salz, Pfeffer, etwas Mehl
4 Scheiben durchwachsener
Räucherspeck
2 Eßlöffel Margarine
1 Zitrone in Scheiben

Die Schollen abtrocknen, würzen, in Mehl wenden. Speck in kleine Stücke schneiden, in einer großen Pfanne knusprig ausbraten, aus dem Fett heben und heiß halten. Margarine in die Pfanne geben, erhitzen und die Schollen bei mittlerer Hitze auf beiden Seiten hellbraun braten. Mit dem Speck anrichten und je 1 Zitronenscheibe darauflegen. Dazu Kartoffelsalat „nach Art des Hauses" und knackige Rohkost aus Paprikaschoten und Zwiebelringen.

112

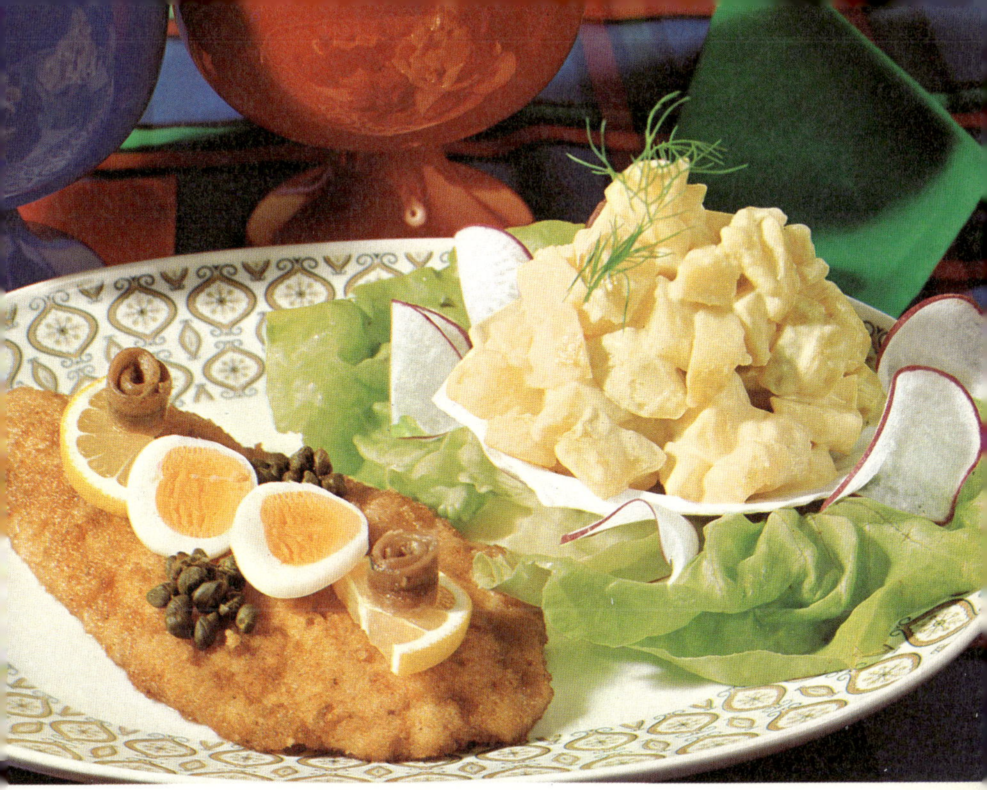

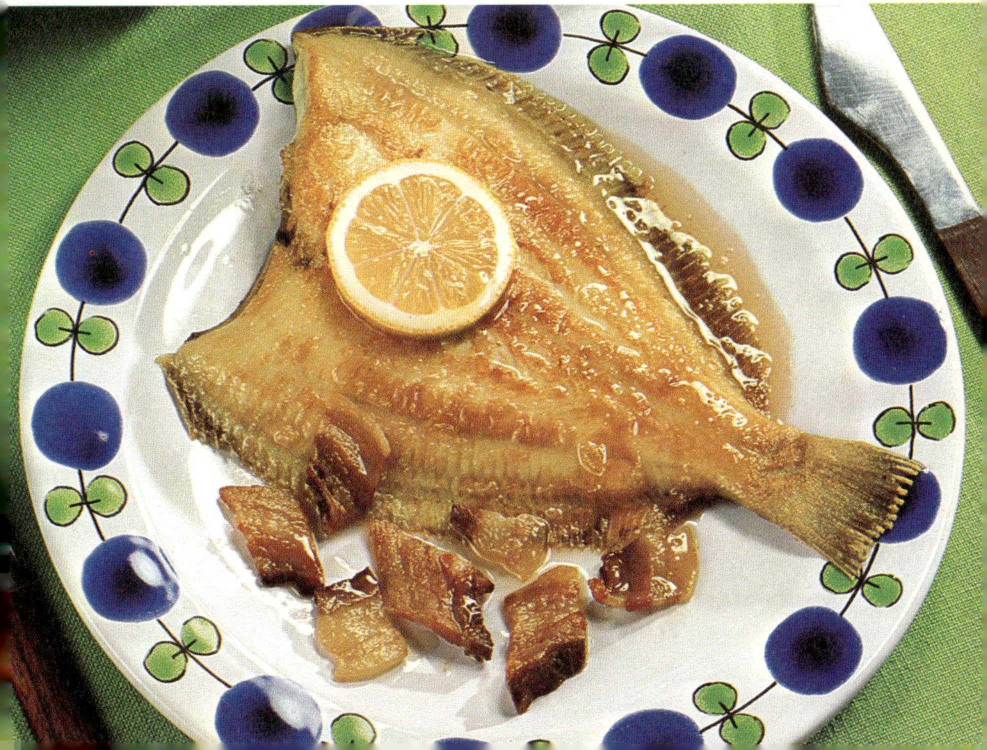

Seezungenfilets überbacken

4 Portionen à 460 Kalorien

4 Seezungen
1 Eßlöffel Butter
oder Margarine
1 Zwiebel, Salz, Pfeffer
1/2 Tasse Weißwein
1/4 l Wasser
1/2 Lorbeerblatt
einige Pfefferkörner
1 Karotte, 1 Zwiebel
1 Eßlöffel Mehl
2 Eßlöffel Butter
oder Margarine
2 Eigelb
2 Eßlöffel Butter
2 Eßlöffel geriebener Käse

Die Seezungen enthäuten, filieren und die Filets auf der Hautseite leicht einschneiden. In eine gebutterte, feuerfeste Form Zwiebelwürfel geben und Filets mit der Hautseite nach oben darauflegen. Mit Salz und Pfeffer würzen, mit Weißwein übergießen, mit Butterbrotpapier bedecken und im Rohr etwa 10 Minuten dünsten. Den Kopf und die zerkleinerten Gräten ohne die Innereien mit Wasser, Lorbeerblatt, Pfefferkörnern, Karotten- und Zwiebelscheiben 10 Minuten kochen, durchseihen. Die von den Filets abgegossene, gesiebte Brühe zugeben, mit Butter, vermischt mit Mehl, zu einer Soße binden. Eigelb mit 2 Eßlöffel Weißwein auf Wasserdampf dicklich schlagen, frische Butter unterrühren, unter Soße mischen. Filets mit Soße übergießen, mit Käse bestreuen, überbacken.

Gratinierter Schellfisch mit Muscheln

4 Portionen à 550 Kalorien

1000 g Schellfischfilet
1 Teelöffel Butter
oder Margarine
1 Zwiebel, Salz, Pfeffer
Saft 1/2 Zitrone
1 Glas Muscheln
in Salzwasser
1/8 l süße Sahne
1/8 l Weißwein
1 Eßlöffel Butter
oder Margarine
1 Eßlöffel Mehl
geriebener Käse
1 Paket
Kartoffelpüreepulver
oder -flocken

Den Schellfisch waschen, abtrocknen und in Portionsstücke schneiden. Eine feuerfeste Platte mit Butter oder Margarine ausstreichen, mit feingehackten Zwiebeln bestreuen, das Fischfilet darauflegen, salzen, pfeffern, mit Zitronensaft beträufeln, die Muscheln mit der Brühe, Sahne und Weißwein zugeben, mit Alufolie abdecken und in der Backröhre bei 200 Grad ca. 20 Minuten dünsten. Die Fischbrühe abgießen, das geschmeidige Fett mit Mehl verrühren, die Fischbrühe aufkochen, mit diesem Mehlfett binden und etwas geriebenen Käse untermischen. Aus Kartoffelpüreepulver oder -flocken mit nur 1/2 l Flüssigkeit Kartoffelpüree bereiten und damit um den Fisch einen Rand spritzen. Fisch mit Soße übergießen, mit geriebenem Käse bestreuen, goldbraun überbacken.

Gefüllter Fisch

Das Goldbarschfilet waschen, abtrocknen, salzen und pfeffern und mit Zitronensaft marinieren. Zwiebelwürfel in Fett hellbraun braten, zu den in Scheiben geschnittenen Brötchen geben, diese mit heißer Milch übergießen, etwas durchmischen und einen Teller daraufdrücken. Die Champignons in Scheiben schneiden, mit Eiern und geschnittenem Dill zu der Brötchenmasse geben, pikant mit Würzmischung, Salz, Pfeffer abschmecken. Diese Masse auf ein Fischfilet streichen und mit dem zweiten Fischfilet abdecken. Den gefüllten Fisch mit Speckscheiben umwickeln, mit Garn umbinden, in gefettete Alu-Folie setzen und auf einer feuerfesten Platte in der Backröhre bei 200 Grad 30–40 Minuten garen. Hierzu gebackene Kartoffeln reichen, die ungeschält, jedoch gut gewaschen in der Backröhre ca. 45 Minuten gegart wurden. Die Kartoffeln aufschneiden, ein Stück Butter darauflegen, mit etwas Zitronensaft beträufeln und mit gehackten Kräutern überstreuen.

4 Portionen à 620 Kalorien

2 Goldbarschfilets
(insgesamt ca. 500–750 g)
Salz, Pfeffer
Saft 1/2 Zitrone
1 Eßlöffel Butter
oder Margarine
2 Zwiebeln
3 Brötchen (1 Tag alt)
1/8 l Milch
1/4 Dose Champignons
3 Eier, 1/2 Bund Dill
1/2 Teelöffel Würz-
mischung 3
6–8 Räucherspeckscheiben

Überbackenes Fischfilet

Das Fischfilet waschen, in 4 Stücke schneiden und mit Salz und Pfeffer einreiben. Nun den Deckel einer Jenaer Glasschüssel oder eine flache Auflaufform mit Butter oder Margarine einfetten. Den Fisch hineinlegen und mit dem Weißwein übergießen, zudecken und etwa 8 Minuten dünsten. Inzwischen Zwiebel und Knoblauchzehe schälen, zusammen fein hacken und mit etwa 2 Eßlöffel Butter oder Margarine in einer Pfanne gelb dünsten. Das Toastbrot entrinden und im Mixer zerkleinern, den Käse fein reiben. Brotbrösel, Käse und Dill in die Pfanne geben, alles miteinander verrühren und auf die heißen Fischstücke verteilen. Die Form in die heiße Backröhre (rechtzeitig auf 200 Grad einschalten!) stellen und das Gericht überbacken.

4 Portionen à 380 Kalorien

750 g Kabeljaufilet
Salz, Pfeffer
etwa 2 Eßlöffel Butter
oder Margarine
1/4 l Weißwein
1 Zwiebel,
1 Knoblauchzehe
2 Scheiben Toastbrot
100 g Edamer Käse
1 Teelöffel gehackter Dill

Fischklöße „Florentine"

4 Portionen à 460 Kalorien

1 Dose Fischbällchen (400 g)
1 Päckchen tiefgekühlter
Spinat (300 g)
1/4 l saure Sahne
scharfer Paprika
Aromat oder Fondor
125 g geriebener Edamer

Fischbällchen mit Flüssigkeit heiß werden lassen, aber nicht kochen. Spinat wie empfohlen zubereiten. Sahne, Paprika, Aromat und etwa 60 g Käse verrühren. Spinat auf Platte verteilen, die heißen Fischbällchen daraufferlegen. Saure Sahne darübergießen, mit restlichem Käse bestreuen. Kurz überbacken. Mit Paprika überstäuben, dazu Kartoffelpüree oder Brot (Nr. 2, Foto Seite 117).

Fischbällchen in Champignonsoße

4 Portionen à 250 Kalorien

250 g frische Champignons
1 Zwiebel,
1 Knoblauchzehe
1 Eßlöffel Margarine
Salz, Pfeffer, 1/4 Zitrone
1/8 l Weißwein
1 Dose Fischbällchen (400 g)
1/8 l frische Sahne
2 gehäufte Teelöffel Mehl
1/2 Bund Dill

Champignons in 1/2 cm dicke Scheiben schneiden. Zwiebel und Knoblauch fein hacken. Fett in Topf erhitzen, Zwiebel und Knoblauch gelblich dünsten. Champignons zugeben, mit Salz und Pfeffer bestreuen. Fischbrühe, Zitronensaft und Weißwein zufügen, 5 Minuten dünsten. Fischbällchen hineinlegen und etwa 5 Minuten ziehen lassen. Sahne und Mehl verquirlen, zur Soße rühren und einmal aufkochen. Dill hinzufügen, das Gericht abschmecken und zu Reis oder Brot anrichten (Nr. 3, Foto Seite 117).

Fischbällchen mit Krabben

4 Portionen à 260 Kalorien

1 Dose Fischbällchen (400 g)
1 Zwiebel
1 Eßlöffel Butter
oder Margarine
1/4 Dose Krabben
1/8 l Weißwein
1 Päckchen Helle Soße
(für 1/4 l), 2 Eigelb
1 Eßlöffel geriebener Käse
1 Eßlöffel Weinbrand

Zwiebel schälen, fein hacken, in Fett gelb dünsten. Krabbensaft aus der Dose hinzufügen, 1 Minute dünsten. Weißwein mit Soßenpulver und Eigelb verrühren. Die Flüssigkeit von den Fischbällchen zu den Zwiebeln gießen und aufkochen, Soßenpulver hinzufügen, einmal aufkochen. Fischbällchen und Krabben darin heiß werden lassen. Aus der Soße heben, in eine flache feuerfeste Form geben. Die Soße mit Weinbrand verrühren, übergießen, mit Käse bestreuen, überbacken. Dazu Reis und Gurkensalat servieren (Nr. 4, Foto Seite 117, Rezept zu Nr. 1, Fischsuppe „Parmentier", auf Seite 43).

Fisch-Pie

4 Portionen à 760 Kalorien

Zutaten für den Teig:
200 g Mehl
125 g Butter
oder Margarine
1/2 Tasse Eiswasser
Zutaten für die Füllung:
1/1 Dose norwegische
Fischbällchen
1/4 Dose Krabben
1 Eßlöffel Butter
oder Margarine
1 Zwiebel
1/8 l Weißwein
1/8 l süße Sahne
2 Eßlöffel Mehl
2 Eigelb, Pfeffer
Saft 1/2 Zitrone

Das gesiebte Mehl mit dem in kleine Stücke geschnittenen Fett gut vermengen und das durch Eiswürfel gekühlte Wasser zugießen, kurz verkneten und 1/2 Stunde kalt stellen. Den Teig zu 2 Platten ausrollen, eine kleine runde Kuchenform mit einem der Teigböden belegen.

Füllung: Zwiebelwürfel in Fett gelblich werden lassen, mit Weißwein, Fischbrühe und Krabbenbrühe ablöschen, die Sahne mit Mehl und Eigelb verrühren, die Fischbrühe damit binden und 5 Minuten kochen lassen. In diese Soße die in Scheiben geschnittenen Fischbällchen und die Krabben geben und pikant mit Pfeffer, Salz und Zitronensaft abschmecken. Dieses Fischragout erkaltet in die Kuchenform füllen, mit dem Teigdeckel belegen, gut andrücken und mit etwas Kondensmilch bestreichen. In der heißen Backröhre bei 200 Grad ca. 35 Minuten backen. Den Fisch-Pie mit viel grünem Salat servieren.

Fisch-Pie mit Hummer

4 Portionen à 690 Kalorien

Teig wie bei Rezept
Fisch-Pie
Zutaten für die Füllung:
1 Eßlöffel Butter
oder Margarine
1 Zwiebel
1 Paket Schollenfilets
(Tiefkühlware)
1/4 Dose Hummer
1/2 Dose Champignons,
Salz
1/8 l Weißwein
1/8 l saure Sahne
2 Eigelb, 2 Eßlöffel Mehl
Saft 1/2 Zitrone
Cayennepfeffer

Teig bereiten wie in Rezept Fisch-Pie angegeben und Form auslegen. Ein Gefäß mit dem Fett ausreiben, gehackte Zwiebeln zugeben, die Schollenfilets einlegen und mit Hummer- und Champignonbrühe sowie Weißwein auffüllen, salzen und zugedeckt ca. 5 Minuten dünsten. Zuletzt den in Stücke geschnittenen Hummer und die geteilten Champignons zugeben und 1 Minute erhitzen. Die Sahne mit Eigelb, Mehl und Zitronensaft verrühren. Die Fischbrühe abgießen, mit dieser Sahne binden und einmal kurz aufkochen. Die Kuchenform mit dem Teig auslegen und mit den gut abgetropften Schollenfilets, Hummer und Champignons belegen, die abgekühlte Soße daraufgeben und den Pie mit einem Teigdeckel verschließen. Bei 200 Grad ca. 35 Minuten backen, zuvor mit verrührtem Eigelb oder Kondensmilch bepinseln.

Paprika-Fisch-Ragout

Das Fischfilet zum Auftauen herauslegen. Inzwischen Zwiebel und Knoblauch schälen und fein hacken, die Paprikaschoten vierteln, entkernen, waschen und in Streifen schneiden. Butter oder Margarine in einer großen Pfanne zerlassen, Zwiebel, Knoblauch und Paprikaschoten darin zugedeckt etwa 3 Minuten dünsten. Inzwischen den Fisch in 2 cm große Würfel schneiden. Zusammen mit 1/8 l Wasser in die Pfanne geben, mit Aromat oder Fondor und Thymian bestreuen, zudecken und auf schwacher Hitze 10 Minuten dünsten. Tomatenmark mit Paprika, Bratensoßenpulver und Rotwein verquirlen, vorsichtig zum Fisch rühren, einmal aufkochen. Reis oder Teigwaren dazu reichen (Foto Seite 120).

4 Portionen à 185 Kalorien

1 Päckchen (400 g) tiefgekühltes Fischfilet
1 große Zwiebel
1 Knoblauchzehe
2 grüne Paprikaschoten
1 Eßlöffel Butter oder Margarine
1 Teelöffel Aromat oder Fondor
1 Löffelspitze Thymian
1 Eßlöffel Tomatenmark
1 gestrichener Eßlöffel Edelsüß-Paprika
1 Päckchen Bratensoße für 1/4 l
1/8 l Rotwein

Fischragout „Räucherkate"

Zwiebeln und Möhren schälen und würfeln. Porree längs durchschneiden, gründlich waschen und in feine Streifen schneiden. Die Margarine in einer Kasserolle zerlassen, das Kleingeschnittene darin 5 Minuten dünsten. Dann mit Mehl bestäuben, umrühren, dabei Tomaten und Hühnerbrühe dazugeben und noch 5 Minuten auf schwacher Hitze kochen. Inzwischen den Räucherfisch in mundgerechte Stücke schneiden, Haut und Gräten dabei entfernen. Den Fisch in die Soße geben und das Ragout mit Worcestersoße und Zitronensaft abschmecken. Dazu grünen Salat und Kartoffelpüree oder Brot servieren (Foto Seite 120).

4 Portionen à 165 Kalorien

375 g Räucherfisch (Seelachs, Makrele Heilbutt oder Schillerlocken)
2 Zwiebeln, 2 Möhren
1 Stange Porree
1 Eßlöffel Margarine
10 g Mehl
1 kleine Dose geschälte Tomaten
1/8 l kräftige Hühnerbrühe (Würfel)
Worcestersoße
Zitronensaft

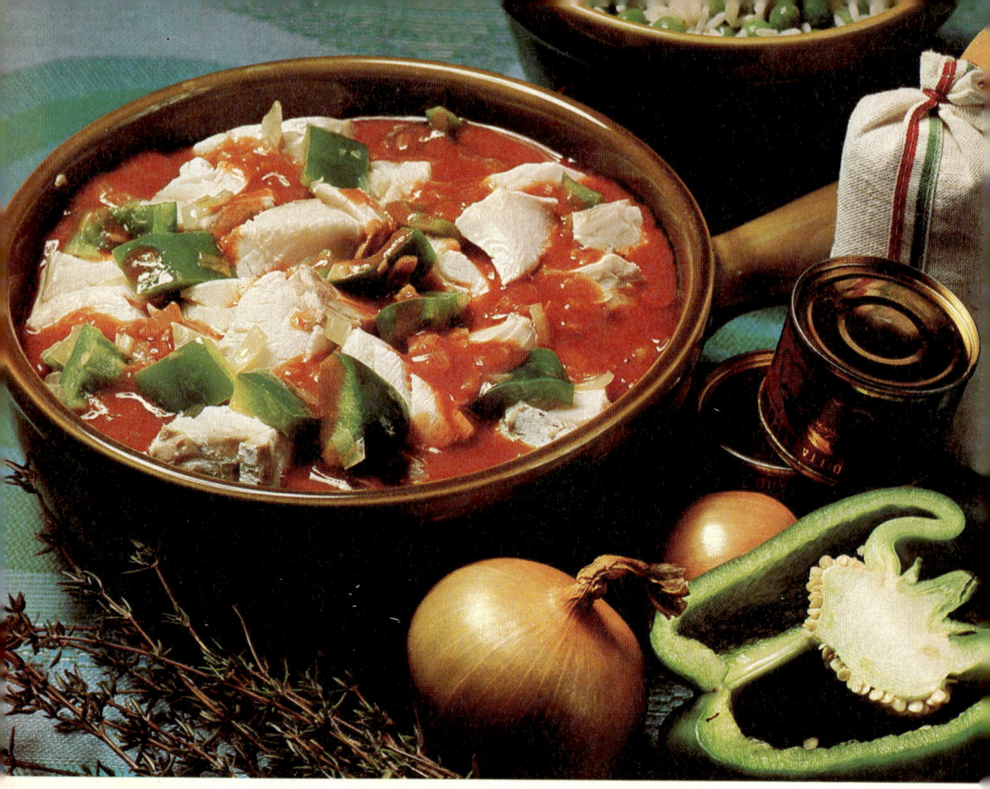

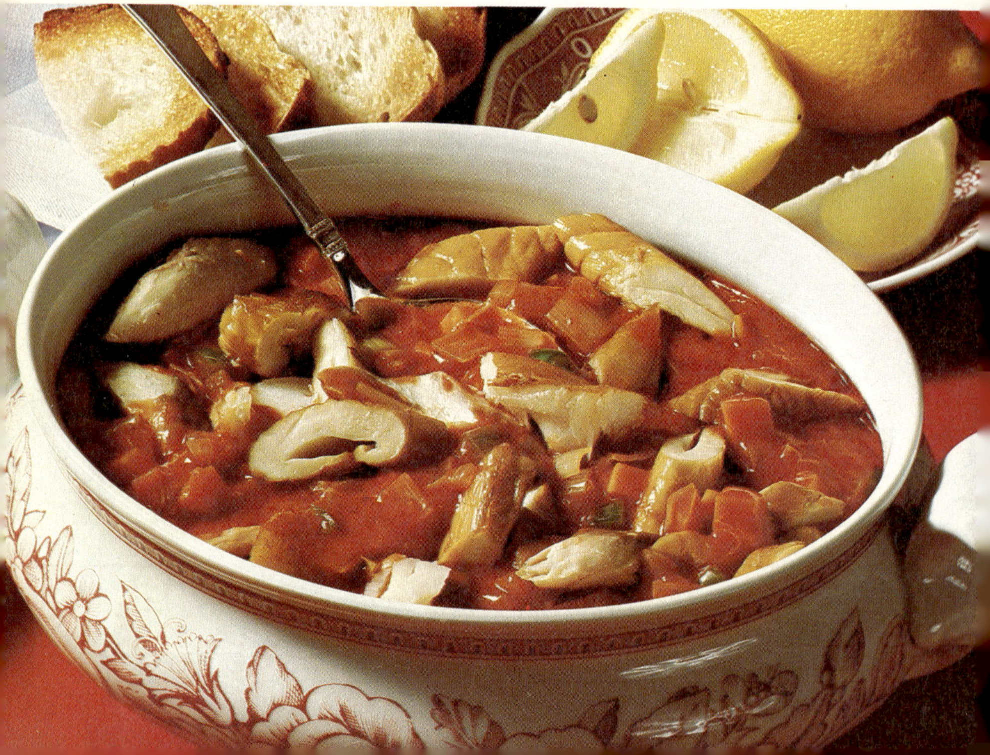

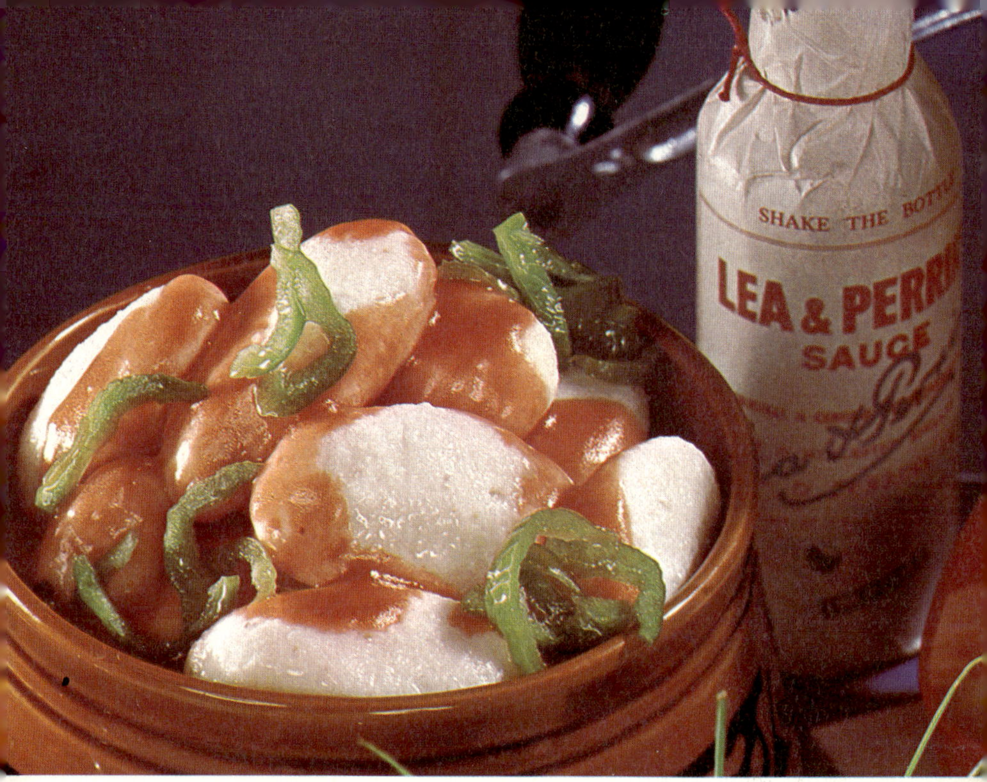
SHAKE THE BOTTL
LEA & PERRI
SAUCE

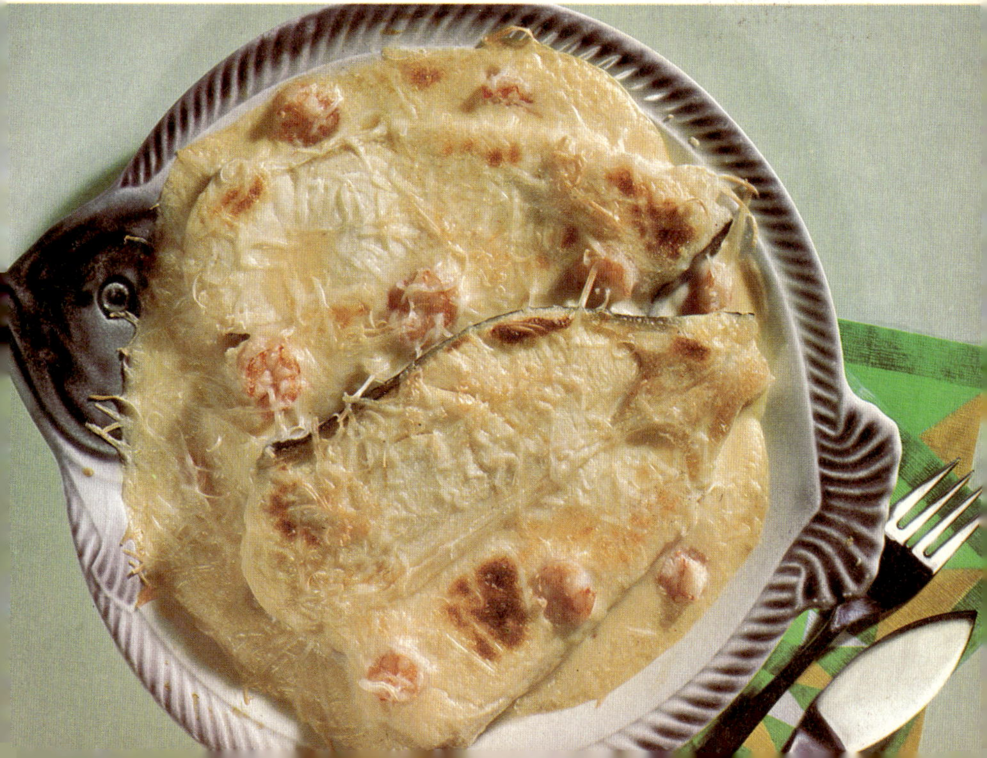

Fischklöße in Tomatensoße

4 Portionen à 270 Kalorien

1 Dose norwegische
Fischbällchen
1 Eßlöffel Butter
oder Margarine
2 Scheiben Räucherspeck
1 grüne Paprikaschote
1 Zwiebel
1 Knoblauchzehe
1/4 l saure Sahne
2 Teelöffel Mehl
1 kleine Dose
Tomatenmark
Salz, Pfeffer
1 Prise Zucker

Räucherspeckwürfel in Fett glasig auslassen, Paprika-
und Zwiebelstreifen zugeben, hell andünsten, Knoblauch beifügen und mit der Fischbrühe (aus der Dose)
ablöschen, 5 Minuten dünsten lassen. Die saure Sahne
mit Mehl und Tomatenmark verrühren, die Fischbrühe damit binden, 5 Minuten kochen und mit Salz,
Pfeffer und Zucker pikant abschmecken. Die Fischklöße in dieser Soße erhitzen, aber nicht kochen lassen.
Als Beilagen hierzu kann man Spinat sowie Salzkartoffeln reichen. An Stelle von Spinat kann auch Salat gereicht werden.
Tip: Norwegische Fischbällchen erhalten Sie in Fisch-
und Delikateßgeschäften, ebenso in den Lebensmittel-
abteilungen der großen Kaufhäuser in Großstädten.
(Foto Seite 121)

Heilbutt überbacken

4 Portionen à 400 Kalorien

4 Scheiben tiefgekühlter
Heilbutt à 200 g
1 Zwiebel, 1/2 Bund Dill
2 Eßlöffel Butter
oder Margarine
Salz, Pfeffer
1/8 l Weißwein
1/4 Dose indische Shrimp
oder Krabben
1/8 l Milch, 2 Eigelb
1 Teelöffel Worcestersoße
Saft 1/2 Zitrone
1 gehäufter Teelöffel
Speisestärke
2 Eßlöffel geriebener Käse

Die Zwiebel schälen und fein hacken, den Dill waschen und fein schneiden. Eine feuerfeste Platte aus-
fetten, mit den gehackten Zwiebeln bestreuen, den
aufgetauten Fisch hineinlegen, salzen, pfeffern und mit
Wein begießen. Zugedeckt in den Backofen stellen und
12 Minuten dünsten. Die Shrimp oder Krabben mit
der Brühe dazugeben und 1 Minute erhitzen. Fisch
und Krabben oder Shrimp auf eine feuerfeste Platte
legen. Milch mit Eigelb, Worcestersoße, Zitronensaft
und Speisestärke verquirlen, zum Sud rühren und aufkochen. Über den Fisch gießen, mit dem Käse bestreuen und kurz überbacken. Mit Kartoffelpüree und
Salat reichen (Foto Seite 121).

Fischragout mit Muscheln und Krabben

Die Schollenfilets nach Vorschrift auftauen, mit Zitronensaft beträufeln, 10 Minuten stehen lassen und danach zu kleinen Röllchen formen und mit Holzspießchen feststecken. In Fett Zwiebeln hell andünsten, die Schollenfilets zugeben, leicht salzen und pfeffern und den Weißwein zugießen. Zugedeckt ca. 5 Minuten dünsten lassen. Danach die Krabben und die Muscheln mit der Brühe beifügen, die Sahne mit Speisestärke verrühren, zu dem Fischragout geben, unter vorsichtigem Rühren aufkochen lassen und nach Wunsch mit feingeschnittenem Dill oder gehackter Petersilie verändern. Das Fischragout kann in einem Reisring serviert werden, oder es werden Salzkartoffeln oder Petersilienkartoffen dazugereicht. Außerdem paßt grüner Salat aller Art dazu.

4 Portionen à 425 Kalorien

1 Paket Tiefkühl-Schollenfilets
Saft 1/2 Zitrone
1 Eßlöffel Butter
oder Margarine
1 Zwiebel, fein würfeln
Salz, Pfeffer
1/4 l Weißwein
1 kleine Dose Krabben
1 Dose Muscheln
1/4 l süße Sahne
3–4 Teelöffel Speisestärke

Fischragout „Doria"

Das Fischfilet waschen, würfeln und mit Zitronensaft und Salz marinieren. Die Salatgurke schälen, längs durchschneiden und aushöhlen. Die Paprikaschoten vierteln, entkernen und waschen, Zwiebeln und Knoblauch schälen. Gurke und Paprikaschoten in 1 cm große Würfel schneiden, Zwiebeln und Knoblauch fein hacken. Dann Zwiebeln und Knoblauch in Butter oder Margarine und Öl gelblich dünsten, Salatgurken und Paprikaschoten dazugeben und 1 bis 2 Minuten weiterdünsten. Das Soßenpulver wie empfohlen anrühren, zum Gemüse gießen und einmal aufkochen. Die Fischwürfel hineinlegen und zugedeckt etwa 5 Minuten leise dünsten, aber nicht stark kochen lassen. Zuletzt eventuell noch etwas saure Sahne hineinrühren und dann mit Salz und einer Prise Zucker abschmecken. Zu Reis oder Salzkartoffeln und Salat servieren.

4 Portionen à 330 Kalorien

500 g Fischfilet
(Goldbarsch oder Seelachs)
Saft 1/2 Zitrone
Salz, 1 Salatgurke
2 grüne Paprikaschoten
2 Zwiebeln
1 Knoblauchzehe
1 Eßlöffel Butter
oder Margarine
2 Eßlöffel Öl
1 Päckchen Tomatensoße
nach Belieben etwas
saure Sahne, Zucker

Fischsoufflé

4 Portionen à 550 Kalorien

600 g Fischfilet
Salz, Pfeffer, Zitronensaft
1 Eßlöffel Margarine
1 Zwiebel
3/8 l Weißwein
1/2 Dose Champignons
30 g Fett, 40 g Mehl
4 Eier, 1 Prise Salz
einige Tropfen
Zitronensaft
Kartoffelbrei (von 1 Paket
Kartoffelpüree-Pulver)
2 Eßlöffel geriebener Käse
oder Paniermehl

Das Fischfilet in grobe Würfel schneiden, mit Salz und Pfeffer würzen und mit Zitronensaft beträufeln. Die feingeschnittene Zwiebel in der Margarine andünsten, die Fischwürfel dazugeben, mit Weißwein auffüllen und die Champignons zugeben. In etwa 15 Minuten garziehen lassen. Den gegarten Fisch aus der Brühe heben, Mehl in Fett anschwitzen, das Eiweiß mit Salz und Zitronensaft steifschlagen, Fischfond in die Mehlbutter rühren, aufkochen lassen, die garen Fischwürfel in die Soße geben und zuletzt den Eischnee und das Eigelb vorsichtig unterheben. Eine gefettete, feuerfeste Form mit Kartoffelbrei ausstreichen, darauf Fischmasse füllen, mit restlichem Kartoffelbrei einen Rand spritzen, mit geriebenem Käse bestreuen und im Rohr bei 200 Grad 30 Minuten überbacken.

Fischkuchen, norwegische Art

4 Portionen à 935 Kalorien

250 g Mehl
150 g Butter
oder Margarine
1/2 Becher Joghurt, Salz
500 g Goldbarschfilet
1/2 Dose Champignons
1/4 Dose Krabben
1/8 l Weißwein
1/8 l süße Sahne
3 Eigelb
2 Eßlöffel Mehl
Saft 1/2 Zitrone
Salz, Pfeffer

Teig: Mehl sieben, das in kleine Stücke geschnittene Fett zugeben, gut mit dem Mehl vermischen und zuletzt zusammen mit dem eiskalten Joghurt und Salz zu einem Teig verarbeiten. Diesen 1/2 Stunde kalt stellen. Den Teig in 2 große und ein kleines Stück teilen. Ein kleines rundes Kuchenblech mit einer runden Teigplatte belegen. Das Goldbarschfilet waschen und mit Champignon- und Krabbenbrühe sowie Weißwein zugedeckt ca. 5 Minuten dünsten. Sahne mit Eigelb, Mehl und Zitronensaft verrühren. Die Fischbrühe abgießen, damit binden, kurz aufkochen lassen, mit Salz und Pfeffer pikant abschmecken. Die Kuchenform mit dem abgekühlten Fischfilet, den in Scheiben geschnittenen Champignons und den Krabben belegen, mit der abgekühlten Soße bedecken und darauf die zweite, große Teigplatte geben. Von dem kleinen Teigrest die Form eines Fisches ausschneiden, mit Eigelb auf den fertigen Kuchen kleben und bei 200 Grad ca. 35 Minuten backen. Mit frischem Kopfsalat servieren.

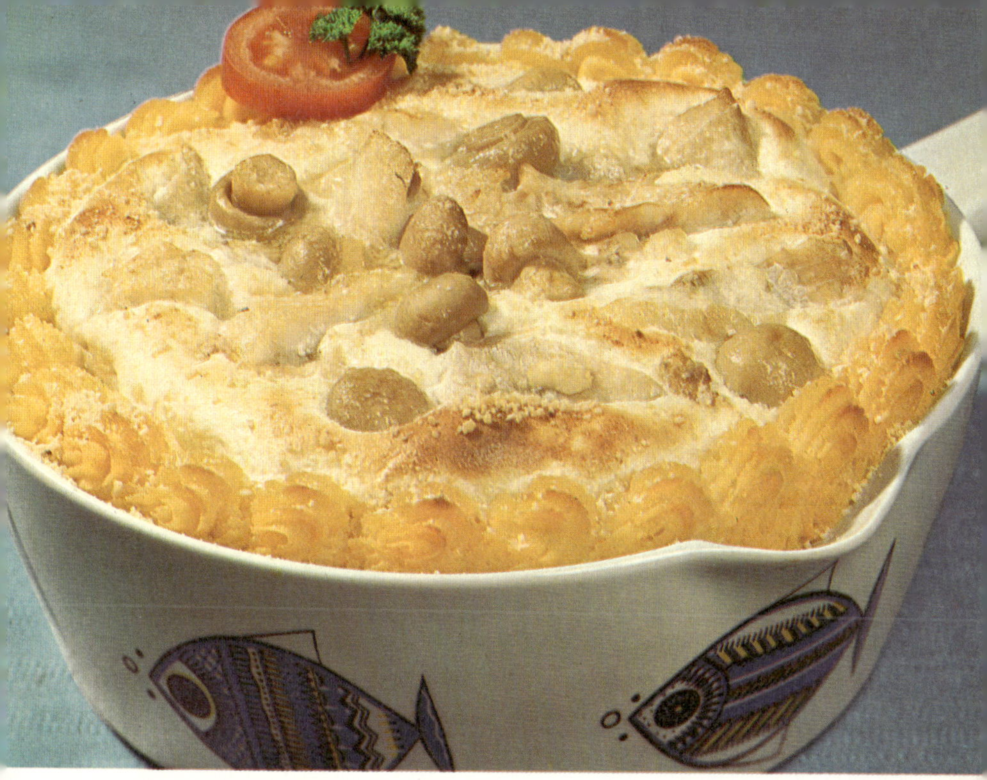

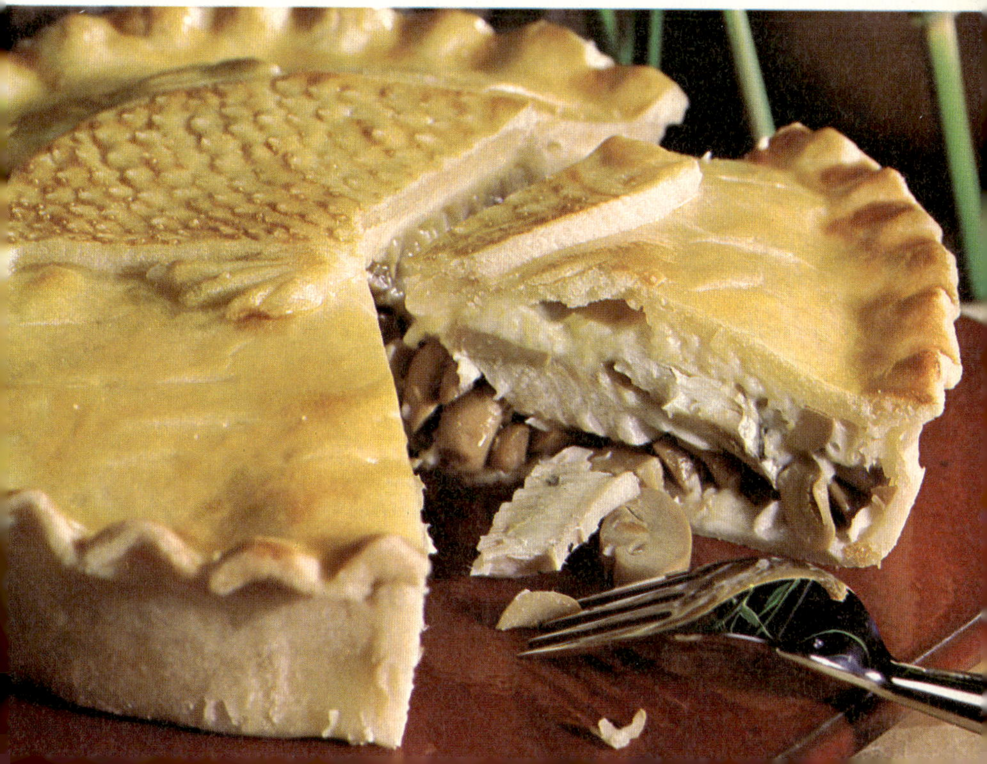

Hausgemachte
Fischklöße mit Speck

4 Portionen à 755 Kalorien

750 g beliebiges Fischfilet
250 g durchwachsener
gesalzener Speck
5 mittelgroße
gekochte Kartoffeln
1 Zwiebel
Salz, Pfeffer, Dill
2–3 Eßlöffel Mehl
1 Packung Tiefkühl-Erbsen

Das gewaschene und abgetrocknete Fischfilet, 100 g Speck, geschälte Kartoffeln, Zwiebel, Salz, Pfeffer und Dill zweimal durch die feine Scheibe der Fleischhackmaschine drehen, gut verrühren und mit dem Mehl zu einer Masse verarbeiten. Die Fischmasse zu walnußgroßen Klößchen formen und in Salzwasser 7–8 Minuten ziehen, aber nicht kochen lassen. Den restlichen Speck in Streifen schneiden, in einer Pfanne anbraten, etwas von dem Fett abgießen und die gut abgetropften Fischklöße zugeben. Die Erbsen extra nach Vorschrift auftauen, zu den Fischklößen geben, anrichten und mit Salzkartoffeln oder Reis servieren. Nach Belieben eine Dill-, Tomaten- oder Bratensoße (Soßen siehe Seiten 46–55) dazu reichen.

Thunfisch-Nudel-Kasserolle

4 Portionen à 400 Kalorien

250 g Teigwaren
2 Eßlöffel Olivenöl
1 Eßlöffel Butter
oder Margarine
1 Zwiebel
1 Scheibe Ananas
1 grüne Paprikaschote
1/4 l Fleischbrühe
(aus Brühwürfel)
1 Dose Thunfisch
4 Eßlöffel Sojasoße
1 Eßlöffel Essig
1 Teelöffel Speisestärke
1 Eßlöffel geriebener Käse

Die Teigwaren nach Vorschrift auf der Packung kochen, abgießen, kurz kalt abschrecken und gut abtropfen lassen, mit dem Öl zusammen in den Topf zurückgeben und warm stellen. Zwiebelwürfel in Fett hell anschwitzen, zerkleinerte Ananas und Paprikastreifen zugeben, kurz dünsten, mit Fleischbrühe ablöschen und etwas einkochen lassen. Den zerbröckelten Thunfisch in die Soße geben, die Sojasoße mit Essig und Speisestärke verrühren, die Soße damit binden, nur noch einmal kurz aufkochen. Die Teigwaren in eine feuerfeste Form geben, mit dem Thunfisch und der Soße bedecken, mit etwas Käse bestreuen, kurz in der Röhre goldgelb überbacken.

Große Thunfischpirogge

Blätterteig auf leicht bemehlter Arbeitsplatte zu einem 3–5 mm dicken Rechteck auswellen. Danach die Teigplatte längs halbieren. Nun den Reis auf eine Teigplatte verteilen und dabei ringsum einen Rand frei lassen. Den Thunfisch mit einer Gabel etwas zerpflücken und mit dem Öl auf den Reis geben. Mit Zwiebelpulver würzen und dann Sahne darübergießen. Paprikaschote waschen, entkernen, fein würfeln und Eier in Scheiben schneiden. Nun Kapern und Paprikawürfel auf die Füllung geben und Eischeiben darauflegen. Salzen, pfeffern und zuletzt mit etwas verquirltem Eigelb bestreichen. Mit der zweiten Teigplatte abdecken, die Ränder zusammendrücken und mit dem restlichen Eigelb bepinseln. Die Pirogge im Backofen (rechtzeitig vorheizen) bei 180 Grad auf der mittleren Schiene etwa 40 Minuten backen.

4 Portionen à 550 Kalorien

300 g Blätterteig
1 Tasse gekochter Reis
1 Dose Thunfisch (200 g)
Zwiebelpulver
1/4 l saure Sahne
1 rote Paprikaschote
3 hartgekochte Eier
1 Gläschen Kapern (30 g)
Salz, Pfeffer, 1 Ei

Schwedischer Fischpudding

Das gekochte oder gedünstete Fischfleisch von allen Gräten entfernen und in große Stücke zerpflücken. Die gekochten Kartoffeln schälen und in Scheiben schneiden. Zwiebelwürfel in dem Fett hell anschwitzen, den Fisch zugeben, kurz verrühren und Fisch, Kartoffeln nun lagenweise in eine längliche, gut gefettete und am Boden mit einem Stück Aluminiumfolie belegte Auflaufform schichten. Eier mit Milch und Gewürzen gut verquirlen und über Kartoffeln und Fisch gießen. Den Fischpudding in heißem Wasserbad garen, bis die Eimasse völlig gestockt ist. Herausnehmen, den Pudding an den Seiten mit einem Messer lösen und auf eine Platte stürzen. Nach Belieben mit Petersilie bestreuen und mit etwas zerlassener Butter servieren. Grüne Salate aller Art kann man dazu reichen.

4 Portionen à 635 Kalorien

750 g gekochtes Fischfilet
1000 g Pellkartoffeln
frisch kochen
4 große Zwiebeln,
in Würfel schneiden
3 Eßlöffel Butter
oder Margarine
4 Eier, 1/4 l Milch
Salz, Pfeffer, Muskat
1/2 Teelöffel Aromat
oder Fondor

Langostinos im Reisrand

4 Portionen à 690 Kalorien

2 Tassen Langkornreis
2 Eßlöffel Öl, Wasser
1 Lorbeerblatt
1 gehäufter Teelöffel
Aromat oder Fondor
1 Zwiebel
1 Eßlöffel Butter
oder Margarine
1 Paket tiefgekühlte
Langostinos (450 g)
1/8 l Weißwein
1/4 l frische Sahne
2 gehäufte Teelöffel Mehl
Saft 1/2 Zitrone
1 Teelöffel Worcestersoße
1 Messerspitze scharfer
Paprika
oder 2 Tropfen Tabasco
75 g geriebener Käse

Reis und Öl in einen passenden Topf geben und verrühren. 4 Tassen Wasser, Lorbeerblatt und Aromat oder Fondor zusammen aufkochen, zum Reis gießen, umrühren und aufkochen. Zudecken und auf schwacher Hitze etwa 20 Minuten quellen lassen. Inzwischen die Zwiebel schälen, fein hacken und in Butter oder Margarine andünsten, die angetauten Langostinos und den Weißwein hinzufügen, mit wenig Salz bestreuen, auf ganz schwacher Hitze erwärmen und dabei bitte nicht zum Kochen kommen lassen. Die Langostinos so vollständig auftauen lassen. Die Sahne mit Mehl, Zitronensaft, Worcestersoße und scharfem Paprika oder Tabasco verrühren, zu den Langostinos geben und einmal kurz aufkochen. Reis mit Käse vermischen, in eine Ringform pressen, stürzen und kurz stehen lassen. Form abheben, Langostinos einfüllen.

Languste en Belle Vue

4 Portionen à 110 Kalorien

1 Languste (ca. 1000 g)
2 Eßlöffel Salz
1 Teelöffel Kümmel
1/16 Dose Trüffeln
1/2 Tasse Madeiragelee

Damit die Languste während des Kochens ihre Form behält, wird der Schwanz flach auf ein kleines Brett gebunden. In gut gesalzenem, mit Kümmel oder Dill gewürztem Wasser läßt man die Languste 25 Minuten kochen. Nach vollständigem Erkalten in der Brühe schneidet man die dünne Haut der Schwanzunterseite ab und löst das Schwanzfleisch aus. Dieses Fleisch wird mit einem langen scharfen Messer in 1/2 cm dicke Scheiben (Medaillons) geschnitten, die mit Trüffelscheiben oder Kerbelblättern garniert und mit klarem Gelee überglänzt werden. Den Langustenkörper setzt man auf einen Brotkeil und ordnet von unten beginnend die Medaillons darauf an. Als Beilage reicht man eine Platte mit gekochten Eiern und Salat von rohem Sellerie, mit Zitrone, Salz, Pfeffer und etwas Öl angemacht, und eine leichte Mayonnaise.

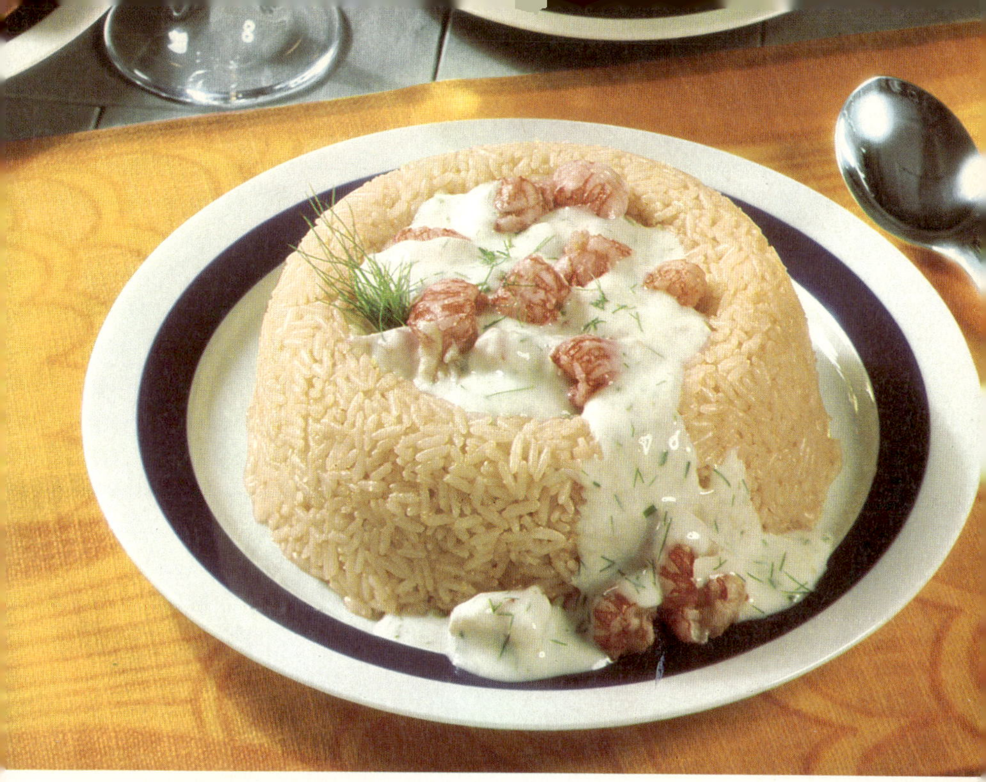

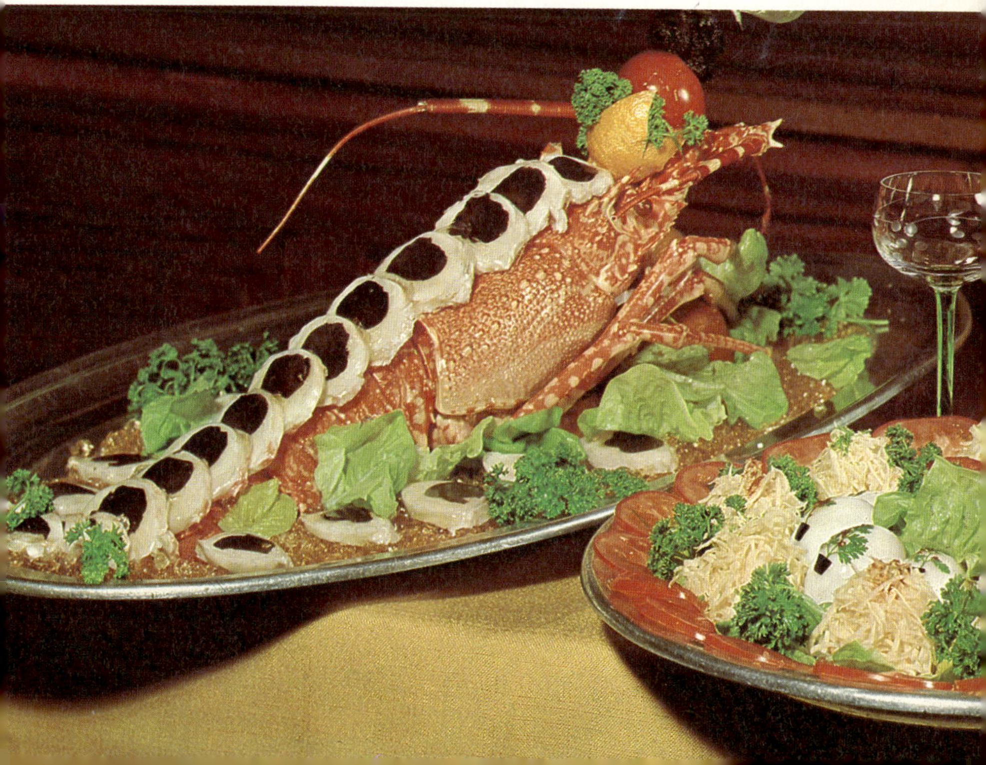

Gekochter Hummer

4 Portionen à 310 Kalorien

4 lebende Norweger
oder Helgoländer Hummer
von etwa 300–400 g
starkes Salzwasser
1 Bund Dill
2 Teelöffel Kümmel

Lebende Hummer waschen und dabei zwischen den Beinen sorgfältig bürsten. Topf – in den die Hummer gerade hineinpassen – mit Salzwasser füllen. Dill und Kümmel hineingeben und zum Kochen bringen. Hummer schnell hineingeben und sofort Deckel auflegen.

Kalt serviert: Hummer 12 Minuten bei mäßiger Hitze kochen (bei 500 g Gewicht = 15 Minuten, bei 1000 g Gewicht = 20 Minuten Garzeit) und danach in der Brühe erkalten lassen. Hummer herausnehmen, längs in 2 Teile schneiden. Hummerscheren mit der Rückseite eines Messers leicht einschlagen, damit sich beim Essen die Schalen mühelos entfernen lassen. Den Magen (ein hautartiges Gebilde) entfernen und an dieser Stelle dafür Kapern einfüllen.

Heiß serviert: Hummer jeweils 5 Minuten länger kochen lassen, aus der Brühe heben und sofort servieren.

Spanische Muschelkrapfen

4 Portionen à 440 Kalorien

2 Dosen
spanische Muscheln
etwas Mehl, 2 Eier
1–2 Eßlöffel Mehl
2 Eßlöffel Öl
2 Eßlöffel Wasser
Salz, Backfett
1 Beutel Mayonnaise
1 Eßlöffel gehackte-
Mixed Pickles

Die Muscheln gut abtropfen lassen und in Mehl wenden. Die Eier mit Öl und Wasser verquirlen, das Mehl kurz unterrühren, so daß eine Art dicker Pfannkuchenteig entsteht. Die Muscheln auf Holzspießchen stekken, in Teig tauchen und in Backfett ganz kurz ausbacken. Die Muschelkrapfen anrichten und mit einer Soße aus Mayonnaise, vermischt mit gehackten Mixed Pickles, servieren. Gurkensalat und Stangenbrot passen dazu.

Jakobsmuscheln überbacken

Zwiebeln in Fett hell dünsten, in Scheiben geschnittene Champignons mit Brühe und Weißwein zugeben, Muscheln beifügen und zugedeckt ca. 5 Minuten dünsten. Sahne mit Speisestärke verrühren, zugeben, mit Salz und scharfem Paprika abschmecken. In 4 Muschelschalen verteilen, mit Käse bestreuen, goldbraun überbacken. Mit frischem Stangenweißbrot und Butterröllchen servieren (Nr. 1, Foto Seite 132, oben).

4 Portionen à 130 Kalorien

1 Paket Tiefkühl-
Jakobsmuscheln
oder Scallops
1 Zwiebel, gewürfelt
1 Eßlöffel Butter
1/8 Dose Champignons
1/3 Glas Weißwein
2–3 Eßlöffel saure Sahne
1–2 Teelöffel Speisestärke
Salz, Paprika
2 Eßlöffel geriebener Käse

Überbackener Hummer

Hummer in große Stücke schneiden, in Fett und Öl mit gehackten Schalotten 2 Minuten dünsten. Weinbrand übergießen, anzünden, abbrennen lassen. Hummer herausnehmen. Weißwein zugeben, einkochen lassen. Tomaten abziehen, entkernen, würfeln, zu dem Weißwein geben. Mit gehackter Petersilie, Estragon und scharfem Paprika pikant abschmecken, vom Feuer nehmen, Hummer zugeben und in Muschelschalen verteilen. Mit Käse bestreuen, kurz überbacken. Reis oder Stangenbrot als Beilage (Nr. 2, Foto Seite 132, oben).

4 Portionen à 200 Kalorien

1 Dose Hummer
2 Eßlöffel Butter
1 Eßlöffel Öl
2 Schalotten
1 Likörglas Weinbrand
1/8 l herber Weißwein
4 Tomaten, Petersilie
etwas Estragon
Salz, scharfer Paprika
1 Eßlöffel geriebener Käse

Überbackene Meeresfrüchte

Krabben, Muscheln und Champignons abtropfen lassen. Champignons in Scheiben schneiden. Gehackte Zwiebeln und Knoblauch in Fett andünsten, Krabben, Muscheln und Champignons zugeben, 1 Minute erhitzen. Mit Weinbrand ablöschen, anzünden, abbrennen lassen. Zitronensaft, Pfeffer, Sahne, Speisestärke, Eigelb verrühren, zugießen, einmal aufkochen. In Muschelschalen verteilen, mit Paniermehl bestreuen, mit zerlassenem Fett beträufeln, goldbraun überbacken. Frisch gekochten Reis oder Weißbrot dazu (Nr. 3, Foto Seite 132, oben; Rezept zu Foto Seite 132, unten, „Gebratene Shrimp" auf Seite 136).

4 Portionen à 310 Kalorien

1 Dose Krabben, ca. 200 g
1 Dose Muscheln, ca. 200 g
1/4 Dose Champignons
1 Zwiebel
1 Zehe Knoblauch
1 Eßlöffel Margarine
1 Likörglas Weinbrand
Saft 1/2 Zitrone, Pfeffer
1/8 l süße Sahne
2 Teelöffel Speisestärke
1 Eigelb, 1 Eßl. Butter
1 Eßlöffel Paniermehl

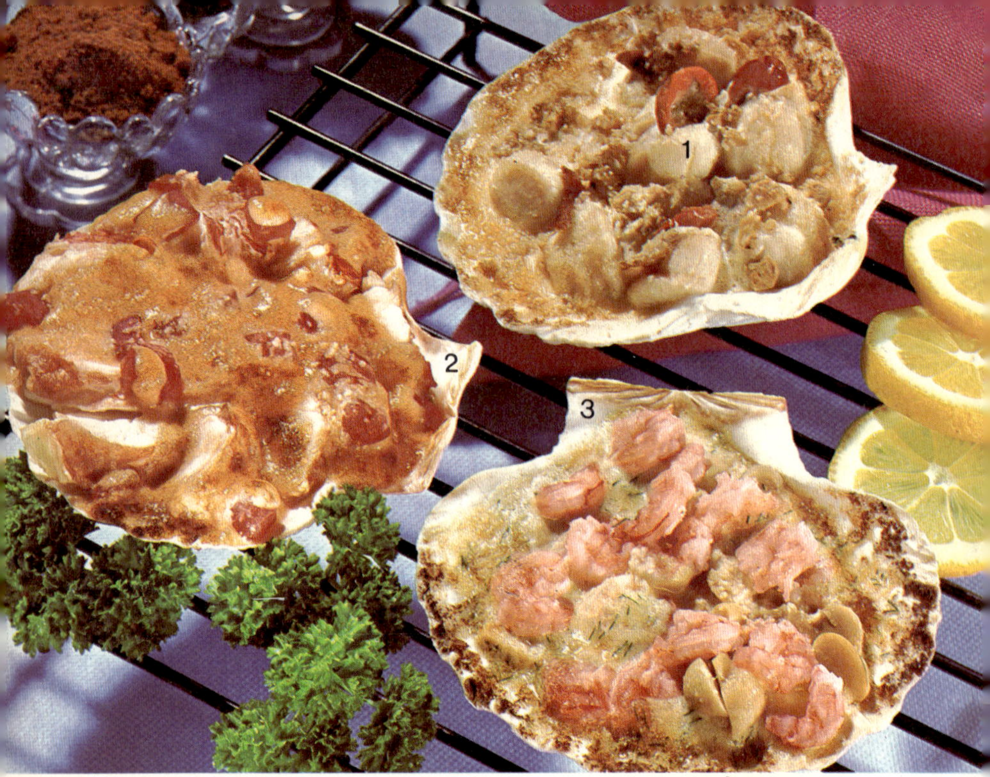
1
2
3

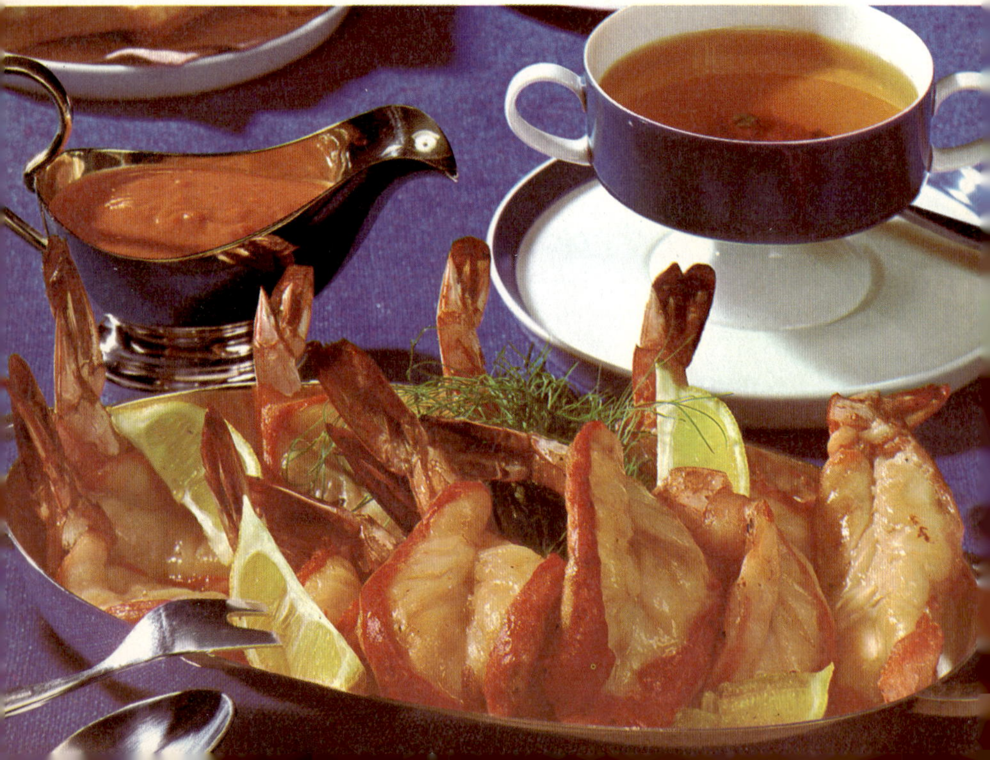

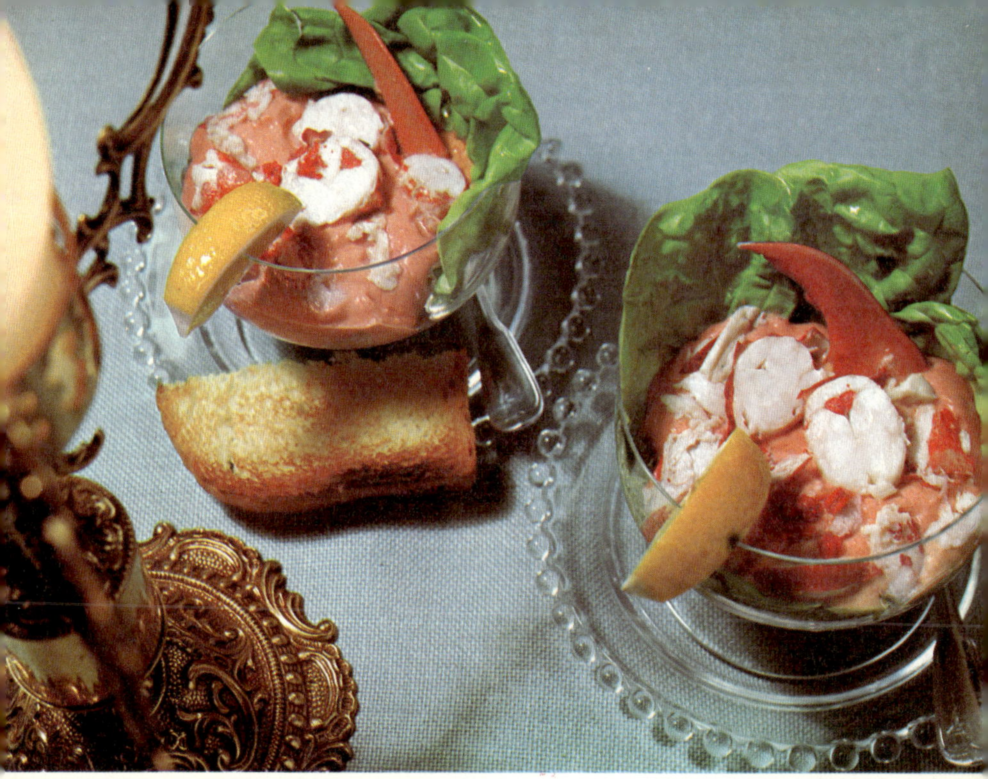

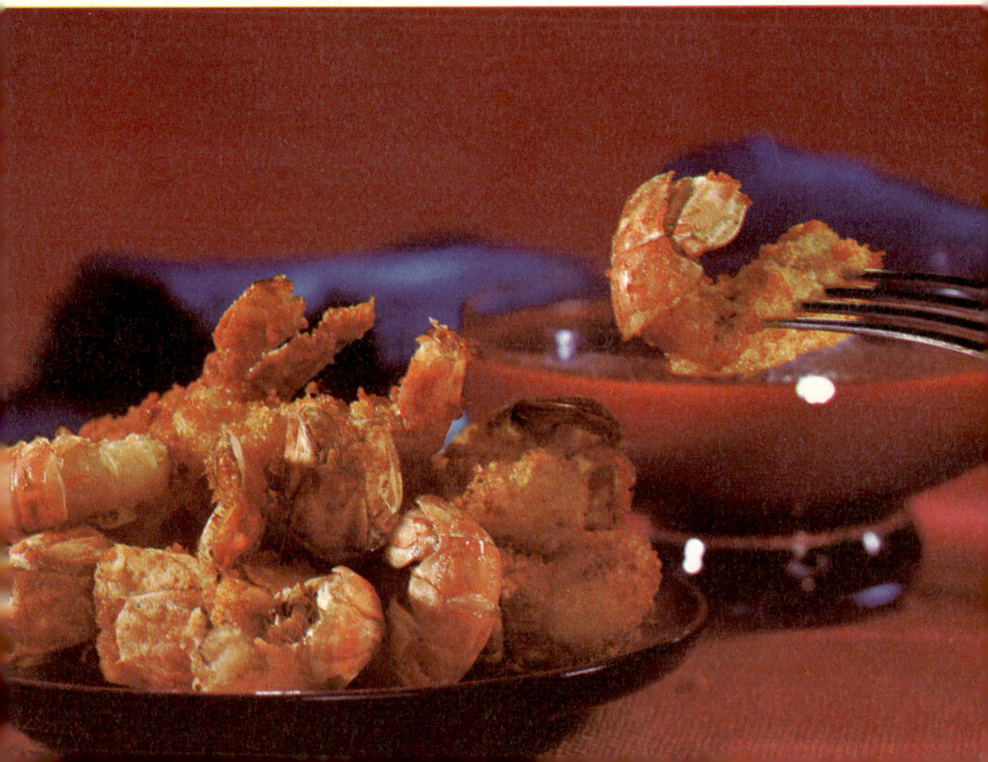

Hummer-Cocktail

4 Portionen à 280 Kalorien

200 g Hummerfleisch
(von 1000 g frischem
Hummer)
2 Spritzer Cognac
oder feiner Weinbrand
4 Blätter Kopfsalat
4 Eßlöffel Mayonnaise
2 Eßlöffel Tomatenketchup
1 Eßlöffel Cumberlandsoße
1–2 Teelöffel Chilisoße
oder 1 Messerspitze
Cayennepfeffer
1 Eßlöffel Zitronensaft
1/8 l Sahne
4 Zitronenschnitze

Das Hummerfleisch in Stücke schneiden und mit Cognac oder Weinbrand beträufeln. Die Salatblätter waschen, abtrocknen und in 4 Sektschalen legen. Das Hummerfleisch darauf verteilen und die Schalen kühl stellen. Mayonnaise, Tomatenketchup, Cumberland-soße, Chilisoße oder Cayennepfeffer und Zitronen-saft miteinander verrühren. Dann die Sahne cremig schlagen und darunterheben. Die Soße über den Hummer geben und jedes Glas mit 1 Zitronenschnitz schmücken (Foto Seite 133).

Gebackene Shrimp

4 Portionen à 570 Kalorien

1000 g große Shrimp
(in der Schale, ohne Kopf)
oder Hummerkrabben-
schwänze
Salz, schwarzer Pfeffer
Saft 1/4 Zitrone
1 Eßlöffel Cognac
oder feiner Weinbrand
6 Scheiben Toastbrot
etwas Mehl, 2 Eier
500 g Butterfett
zum Ausbacken

Cocktailsoße:
1/2 Tasse Chilisoße (mild)
2 Teelöffel geriebener
Meerrettich
Saft 1/2 Zitrone
1 Teelöffel Worcestersoße
1 kleine feingehackte
Zwiebel
1 Teelöffel gehackte
Petersilie, Tabascosoße

Shrimp – ausgenommen die Schwanzflosse – sorgfältig schälen. Den Rücken ein-, aber nicht durchschneiden und den Darm (schwarzer Strang) entfernen. Salz, Pfeffer, Zitronensaft, Cognac oder Weinbrand in einer Schüssel mischen, die Shrimp hineinlegen und 1/2 Stunde durchziehen lassen. – Inzwischen Toastbrot entrinden, in Würfel schneiden und im Mixer fein zer-bröseln. Shrimp nacheinander in Mehl, verquirltem Ei und zerbröseltem Toastbrot wenden und dabei die Brösel gut andrücken. Butterfett in einem Topf er-hitzen, bis an einem hineingehaltenen Holzlöffelstiel kleine Blasen aufsteigen. Dann die Shrimp in kleinen Portionen hineingeben und goldgelb ausbacken. Dazu eine Cocktailsoße servieren, die inzwischen aus Chili-soße, geriebenem Meerrettich, Zitronensaft, Worce-stersoße, gehackter Zwiebel und Petersilie und einigen Tropfen Tabasco zusammengerührt und abge-schmeckt wurde (Foto Seite 133).

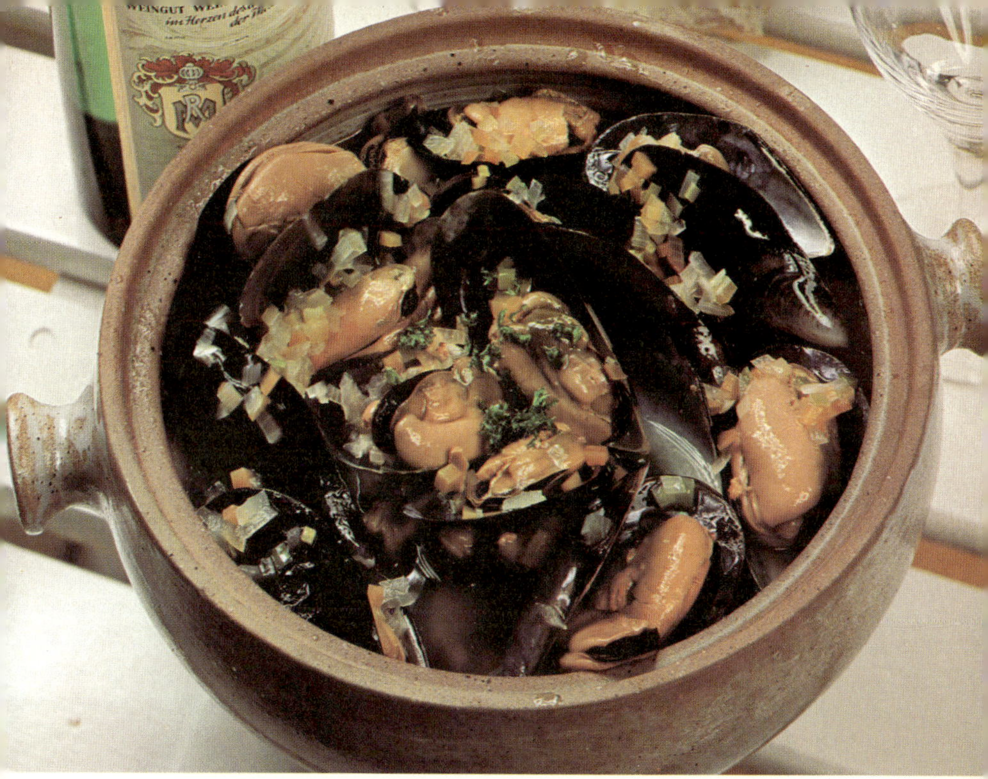
WEINGUT

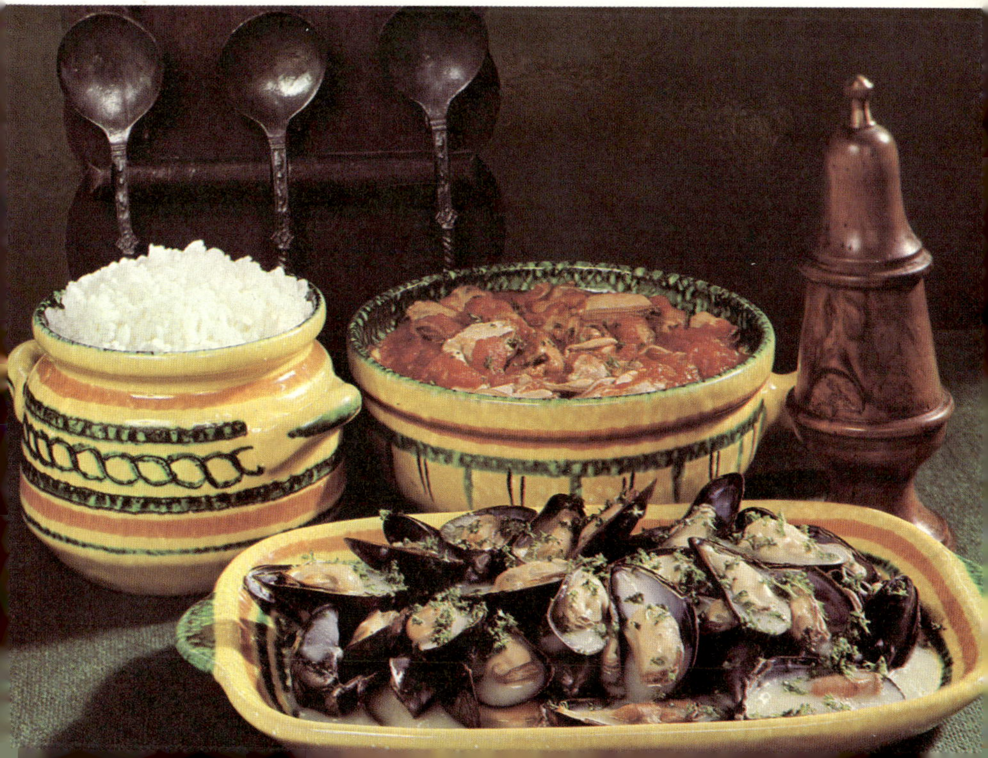

Gebratene Shrimp
mit Cocktailsoße

4 Portionen à 120 Kalorien

300 g Shrimp
(ohne Schalen) Salz
Pfeffer, Worcestersoße
Saft 1/4 Zitrone
25 g Butter, 1 Bund Dill

Shrimp der Länge nach aufschneiden (Schwanzende stehen lassen). Darm entfernen. Mit Salz, Pfeffer, Worcestersoße und Zitronensaft würzen. Butter in Pfanne aufschäumen lassen, Shrimp darin auf beiden Seiten zusammen 6 Minuten braten. Zuletzt geschnittenen Dill überstreuen. Mit Cocktailsoße (Seite 55), Toast und Butter servieren (Foto Seite 132, unten).

Reisrand mit Muschelragout

4 Portionen à 575 Kalorien

1 Packung Tiefkühl-
Jakobsmuscheln oder
Scallops
1 Zwiebel
1/4 l herber Weißwein
1/4 l süße Sahne
Salz, Pfeffer
1 Eßlöffel geschmeidige
Butter
1 Eßlöffel Mehl
1/2 Bund Dill
etwas scharfer Paprika
Saft 1/2 Zitrone
nach Belieben etwas
Worcestersoße
2 Tassen Reis
2 Eßlöffel Öl
4 Tassen Fleischbrühe
(Würfel)

Die Jakobsmuscheln mit feingehackter Zwiebel, Weißwein, süßer Sahne, Salz und Pfeffer zugedeckt bei schwacher Hitze auftauen, aber nicht kochen. Die Muscheln herausnehmen, die Flüssigkeit um die Hälfte einkochen lassen und mit Butter oder Margarine, die mit Mehl verrührt wurde, binden. Unter die Soße den feingeschnittenen Dill, etwas scharfen Paprika und Zitronensaft geben, die Muscheln beifügen, 5 Minuten in der Soße ziehen lassen und zuletzt mit etwas Worcestersoße abschmecken.

Reisrand: Reis mit Öl in einem Topf verrühren, mit kochender Brühe auffüllen und zugedeckt ca. 20 Minuten kochen. Den Reis in eine kalt ausgespülte oder mit Öl ausgestrichene Ringform drücken, auf eine Platte stürzen, einige Minuten ruhen lassen. Ringform abheben und den Reisrand mit dem Muschelragout füllen. Mit einigen Tomatenachteln und Petersilie garnieren.

Miesmuscheln in Wein

Die Schalen sauber abbürsten und die Bartbüschel mit einem Messer abziehen. Zwiebel und Möhre schälen, den Lauch halbieren, gut waschen und alles in 1/4 cm große Würfel schneiden. Das Fett in einem großen Topf erhitzen, das Gemüse 4 bis 5 Minuten darin dünsten. Weißwein, Muscheln und gemahlenen Pfeffer dazugeben und zugedeckt etwa 10 Minuten kochen. Die Muscheln dabei im geschlossenen Topf durchrütteln, damit die obenliegenden nach unten kommen. Wenn alle Muscheln geöffnet sind, sind sie gar. Zu Weißbrot anrichten (Foto Seite 135 oben).

4 Portionen à 170 Kalorien

2000 g Miesmuscheln
1 Zwiebel
1 Möhre, 1 Stange Lauch
2 Eßlöffel Butter
oder Margarine
1/4 l Weißwein
1/2 Teelöffel weißer Pfeffer
Achtung: Rohe geöffnete Muscheln sind verdorben und sehr giftig!

Muschelragout „Cap Ferrat"

Die sauber gewaschenen Miesmuscheln mit dem Wein in einem Topf kochen, bis sich alle geöffnet haben. In dem Olivenöl Zwiebelwürfel anschwitzen, zerdrückte Knoblauchzehe und die Tomaten zugeben und mit Lorbeerblatt, Thymian, Salz, Pfeffer und Paprika sowie der Muschelbrühe ca. 10 Minuten kochen lassen. Inzwischen die Muscheln aus den Schalen nehmen, die fertige Soße zuletzt mit der angerührten Speisestärke binden, abschmecken und die Muscheln untermischen. Reis dazu servieren.

4 Portionen à 190 Kalorien

1500 g Miesmuscheln
1 Glas Weißwein
4 Eßlöffel Olivenöl
2 Zwiebeln
1 Zehe Knoblauch
1/2 Dose geschälte Tomaten
1 Lorbeerblatt
1 Löffelspitze Thymian
Salz, Pfeffer
1 Teelöffel milder Paprika
1 Teelöffel Speisestärke

Muscheln in Sahne

Die Miesmuscheln gut säubern. Zwiebelwürfel in der Butter andünsten, in Scheiben geschnittene Champignons mit der Brühe, Weißwein, Pfeffer und die Muscheln zugeben und zugedeckt kochen lassen, bis sich die Muscheln geöffnet haben. Die Muscheln von der Schale befreien und in eine Schüssel legen. Sahne mit Eigelb, Zitronensaft und Speisestärke verrühren, damit die Muschelbrühe binden, nur einmal kurz aufkochen lassen und gut abschmecken. Die Soße über die Muscheln gießen und mit den Kräutern bestreuen. Mit Reis servieren (Foto Seite 135 unten).

4 Portionen à 380 Kalorien

2000 g Miesmuscheln
1 Zwiebel
1 Eßlöffel Butter
1/4 Dose Champignons
2 Gläser Weißwein
Pfeffer
1/4 l süße Sahne, 2 Eigelb
Saft 1/2 Zitrone
1/2 Eßlöffel Speisestärke
Salz
1 Eßlöffel gehackte Kräuter

Alphabetisches Inhaltsverzeichnis

Inhaltsübersicht